駅からハイク

EKI KARA
HIKE
GUIDE
BOOK

電車に乗ってハイキング！

電車に乗ってぷらっと山へ！ 駅から登れる関東近郊の低山90

山と溪谷社

CONTENTS

Chapter 1 — 8

JR青梅線
JR五日市線
JR中央本線
京王高尾線

01	赤ぼっこ	10
02	雷電山〜青梅丘陵	12
03	高峰山〜三室山	14
04	高水三山	16
05	川苔山	18
06	鳩ノ巣渓谷	20
07	本仁田山	22
08	弁天山〜今熊山	24
09	金比羅山〜日の出山	26
10	南高尾セブンサミッツ	28
11	北高尾山稜	30
12	陣馬山	32
13	日連アルプス	34

Chapter 2 — 36

JR中央本線
JR小海線
富士急行線

14	高柄山	38
15	高畑山〜倉岳山	40
16	扇山	42
17	百蔵山	44
18	岩殿山	46
19	高川山	48
20	滝子山	50
21	本社ヶ丸	52
22	笹子雁ヶ腹摺山	54
23	甲州高尾山	56

Chapter 2

JR中央本線
JR小海線
富士急行線

24	飯盛山	58
25	九鬼山	60
26	都留アルプス	62
27	倉見山	64
28	三ツ峠山	66
29	新倉山	68
30	天上山	70

Chapter 3   72

西武池袋線
西武秩父線
東武東上・越生線
JR八高線
秩父鉄道

31	飯能アルプス① 天覧山〜天覚山	74
32	物見山〜日和田山	76
33	ユガテ〜顔振峠	78
34	飯能アルプス② 天覚山〜子ノ権現	80
35	関八州見晴台	82
36	飯能アルプス③ 伊豆ヶ岳〜子ノ権現	84
37	日向山〜丸山	86
38	横瀬二子山	88
39	大高取山	90
40	小川町アルプス	92
41	官ノ倉山	94
42	鐘撞堂山	96
43	長瀞アルプス	98
44	蓑山	100
45	皆野アルプス	102
46	琴平丘陵	104
47	熊倉山	106
48	秩父御岳山	108

Chapter **4**　110

JR内房線
小湊鐵道
京急線
JR横須賀線

49	鋸山	112
50	富山〜伊予ヶ岳	114
51	大福山	116
52	鷹取山	118
53	三浦富士〜武山	120
54	小網代の森	122
55	鎌倉アルプス〜大丸山	124
56	乳頭山	126
57	衣笠山〜大楠山	128

Chapter **5**　130

小田急小田原線
JR御殿場線
箱根登山鉄道
JR東海道本線
JR伊東線
伊豆箱根鉄道
伊豆急行線

58	弘法山	132
59	渋沢丘陵	134
60	曽我丘陵	136
61	大野山	138
62	浅間山	140
63	明神ヶ岳	142
64	湘南アルプス	144
65	吾妻山	146
66	真鶴半島	148
67	城山〜幕山	150
68	岩戸山	152
69	沼津アルプス	154
70	伊豆三山	156
71	城ヶ崎海岸	158
72	下田富士〜寝姿山	160

Chapter 6

東武日光線
JR日光線
野岩鉄道
JR両毛線
JR常磐線
JR水郡線

73	岩山	164
74	鳴虫山	166
75	龍王峡	168
76	足利アルプス	170
77	大小アルプス	172
78	太平山〜晃石山	174
79	笠間アルプス	176
80	奥久慈男体山	178
81	生瀬富士	180

Chapter 7

上信電鉄
JR信越本線
北陸新幹線
しなの鉄道
JR吾妻線
JR上越線

82	富岡アルプス(神成九連峰)	184
83	大桁山〜鍬柄岳	186
84	丁須ノ頭(丁須ノ肩)	188
85	アプトの道	190
86	中山道	192
87	離山	194
88	石尊山	196
89	岩櫃山	198
90	白毛門	200

Column

低い山だからと侮るなかれ！ 低山ハイクの注意点 …………………… 202
日帰りハイキングで持っていくもの、持っていかなくなったもの …………………… 204
山の余韻を噛みしめる至福のひととき 下山メシのよろこび …………………… 206

●カバー写真
表：富士山をバックに走る富士急行線／PIXTA　裏：荒川を鉄橋で渡る秩父鉄道／PIXTA　袖：蓑山の花の森に咲くサクラ／髙橋郁子

本書の使い方

本書で紹介するコースはすべて駅から歩き始めるコースで、日帰りです。初心者でも歩けるコースのほか、歩行距離が長い経験者向けのコースも紹介しています。また、駅周辺や登山口周辺の立ち寄りスポットも紹介していますので、お役立てください。

コースガイドの見方

コースを選ぶうえで参考になる指標を紹介します。歩行タイムや距離、累積標高などは取材時にGPSで計測した実測データを基準に記載しています。データはあくまで目安です。ご自身の体力や経験に合わせてコースを選びましょう。

1 路線と降車駅

登山口(スタート地点)となる駅の路線と降車駅を表記しています。

2 難易度

歩行タイム、歩行距離、累積標高差を基にコースの難易度を3段階に分けています。

初級	★☆☆	歩行時間は3時間程度。初心者におすすめのコース。
中級	★★☆	歩行時間は4時間程度。コース途中に急な登りや下り、岩場など注意を要する場所があるコース。
上級	★★★	本書のなかでも歩行距離が長く、アップダウンも多い健脚向きコース。または、ルートファインディングや岩場などの歩行に慣れた人向きのコース。

3 山行アドバイス

本文以外にルートに必要な情報を下記の項目でまとめました。

登山適期	山行に適した時期、ルートで見られる主な花の開花時期(気温などによって多少前後します)などを紹介。
注意点	ルート上の注意点など。
サブルート	紹介ルート以外のルートなどを紹介。
プランニング	計画の立て方や紹介ルート以外の情報などを紹介。

4 立ち寄りスポット&チェック!

登山前後に楽しみたいお店や、コース上の立ち寄りスポットなどの情報を紹介しています。

コースを歩く際に知っておきたい情報を紹介しています。

コースマップの見方

コースガイドには紹介のコースの概略図を掲載しています。登山口などわかりにくい箇所もあるので、地図に記載のポイントを確認しましょう。

1 山歩きの参考になる指標

歩行タイム スタートからゴールまでの歩行タイムの目安です。休憩や食事の時間は含まれていません。

歩行距離 スタートからゴールまでの歩行距離の合計です。距離が短くても、下記の累積標高の数値が高いと難度は上がります。

累積標高差 スタートからゴールまでの標高差を合計した数値です。山頂の標高が低くても、アップダウンが多いコースでは数値が高くなり、体力の要るコースになります。

2 ヤマタイムでルートチェック!

QRコードをスマートフォンで読み取ると「ヤマタイム」の地図が表示されます。青い線が本書の紹介コースです。会員登録(無料)すると「登山計画書」が作成できます。「GPXデータ」をダウンロードして、各種地図アプリにコースのログを取り込むこともできます。

●本書とヤマタイムでは一部内容が異なる場合があります。

3 アクセス

基本的には駅がゴールになるようにコースを設定していますが、なかには下山口からバス利用で駅に戻る場合もあります。ゴール地点のバス停から最寄り駅までのアクセスを紹介しています。

※画像のレイアウトは変更する場合があります

マップの記号・アイコン例

コースルート 本書で紹介するコース	舗装路
サブコース そのほかのコース	JR　　私鉄
▲ 山頂	⟶00分 ポイント間の歩行時間
Ⓢ スタート地点	展望スポット 展望台や見晴らしのよい撮影スポット
Ⓖ ゴール地点	花マーク コース中に見られる花
登山口(下山口)	注意マーク 急登や岩場など歩行に注意する場所
○ コースポイント	公衆トイレ コース中にトイレがない山もある
登山道	
河川など	
バス停	
立ち寄りスポット 掲載されている店舗の位置	
Ⓟ 駐車場	
卍 寺	
⛩ 神社	

道標を確認しながら歩きましょう!

●本書に記載の地図情報、交通機関情報、店舗情報、各種料金などのデータは2024年12月時点のものです。発行後に変更になる可能性があるので、事前に最新情報を確認しましょう。また、各種料金は消費税込みの料金です。

JR青梅線 | 宮ノ平駅

Course 01 | 赤ぼっこ（あか）

中級 ★★☆

一本ヒノキの山頂を巡る長渕山ハイキングコース

　1923（大正12）年9月1日に発生した関東大震災により、表土が崩落して赤い土が露出したため、この山は「赤ぼっこ」という風変わりな名前で呼ばれるようになった。広々とした頂上には、一本の大きなヒノキが立つのみで遮るものがなく、多摩川沿いの町並みや青梅市街、さらに遠く都心方面までも見渡せる。

　起伏の少ない道が続くが、例外は山頂手前の天狗岩。短いものの、露岩の上を通過する。この天狗岩からの展望も見事だ。

　コースの南側はゴミ処分場や墓地公園が続いて味気ない。しかし稜線上には広葉樹林も多く、自然が保全された貴重な場所であることを感じさせる。

（文・写真／木元康晴）

山行アドバイス

●**登山適期**／一年を通じて登れるが、暑さを避けた10月～5月が登りやすい。新緑は4月中旬～5月上旬、紅葉は11月上旬～下旬。

●**注意点**／登山口はややわかりにくい。天狗岩を示す標識をたどって並木入林道を進んだ先の、人家の左側となる。また、稜線に出てすぐの分岐から愛宕山をピストンできるが、工事の影響で道がやや不安定なので注意しよう。

●**サブルート**／天祖神社を登山口とした逆コースでも問題ない。また宮ノ平駅から馬引沢林道を登り、馬引沢峠まで行けばより手軽に山頂に立てる。下山路としても利用できる。

↑天狗岩の上に立つと多摩川沿いに続く町並みを見渡せる
↓なだらかで歩きやすい登山道が続く

↑一本の大きなヒノキの木が立つ赤ぼっこの頂上

チェック！

旧二ツ塚峠の悲しい言い伝え

2つのベンチが並び、大木の陰にひっそりと造花が供えられている旧二ツ塚峠。数百年もの昔、この近くに暮らした母と娘が、生きながらここに埋められたという。その薄幸の親子を偲んで、今も近隣の人々は掃除や供養を続けているそうだ。

JR青梅線 | 軍畑駅

Course 02 雷電山～青梅丘陵　中級 ★★☆

歴史を感じる尾根をたどり、町を見下ろすハイキングコースへ

　青梅線の軍畑駅から車道を歩き、榎峠から取り付く。すぐにコース最高峰の雷電山の登りが始まるが、「丘陵」のイメージにそぐわないほど階段の急登が長く続く。その先、三方山を越えて栗平分岐を通過するまではアップダウンの連続だ。途中には、室町時代に青梅を支配した三田氏の居城だった辛垣城跡や、祠の前に古い石積みが置かれた名郷峠などがあって、歴史を感じる区間でもある。

　辛垣城の物見櫓だった矢倉台まで行くと、コースの様相は一変。とても歩きやすい平坦な道が続く。点在する休憩所で景色を見たり、金比羅宮を参拝したりしつつ、のんびりと歩こう。

（文・写真／木元康晴）

── 山行アドバイス ──

● **登山適期**／一年を通じて登れるが、暑さを避けた10月～5月が登りやすい。新緑は4月中旬～5月上旬、紅葉は11月上旬～下旬。

● **注意点**／辛垣山（辛垣城跡）へ向かう道の周辺は、古い石切り場跡で地形が複雑なので、慎重に道を探しつつ登ろう。辛垣山には登らずに、右から巻いて通過することもできる。

● **サブルート**／名郷峠から二俣尾駅、矢倉台から宮ノ平駅など、ルート上と青梅線各駅とを結ぶ登山道は多い。それらを利用すればコースを短く設定して歩くことができるし、緊急時にはエスケープしやすい。

↑人工林に囲まれた雷電山の頂上
↓第四休憩所から見た青梅市街と多摩川

↑辛垣山へ通じる尾根道と南北を越える峠道が交差する名郷峠

立ち寄りスポット

下山後に歩いてみたい
昭和の猫町 にゃにゃまがり

青梅駅の改札を背にして、ロータリー右側の七兵衛通りを示す標識前を左折した先に入り口がある、狭い路地。路上のアスファルトには猫の足跡が点々と続き、左右の古い住宅にも猫のオブジェがたくさん飾られている、猫好きには楽しい一角だ。

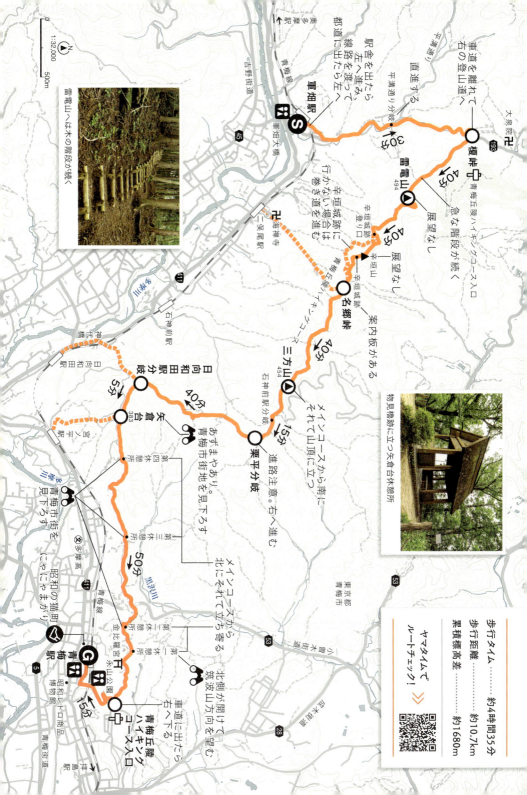

Course 03 高峰山～三室山

JR青梅線 ｜ 御嶽駅

中級 ★★☆

駅から至近のラニヘッドトレイルから稜線へ

　多摩川の上流部、川に沿うように延びる青梅線は、駅の多くが登山口に近く、ハイキングには最適な路線。そのなかでも最新の登山道が、2020年に整備された「ラニヘッドトレイル」だ。植林に覆われた単調な尾根の急な登りが続くが、御嶽駅の改札を出てからわずか200mで登山口に到着する近さが魅力だ。

　登りつめた先の高峰山は展望がないが、東の梅ノ木峠の林道を横断した先の要害山は、周囲の樹林が伐採されて見事な眺望が広がっている。そこから三室山を経て、梅の公園へと続く道は行き交う登山者も少なめで、人気の奥多摩エリアでは例外的な静かな山歩きが楽しめる。

（文・写真／木元康晴）

山行アドバイス

● **登山適期**／一年を通じて登れる。要害山の展望を楽しむならば、空気が澄んだ10月～2月の晴れた日が最適。

● **注意点**／梅ノ木峠から要害山に向かう、尾根道の入り口は見落としやすい。送電鉄塔の直下をめざして進もう。コースを通して視界の悪い植林が続く。最低限の標識はあるが、見落としやすいので道迷いに注意だ。

● **サブルート**／高峰山から西へ向かって日の出山に登り（約50分）、「09金毘羅山～日の出山」（P26～27）のつるつる温泉へ下山するコースもよく歩かれている。

↑最初の急登区間を過ぎると北側に高水三山方向を見渡せる
↓三等三角点が設置された三室山の頂上

↑要害山付近が最も展望が開けて、都心方面を遠望できる

2020年に誕生した新登山道「ラニヘッドトレイル」

マラソンランナーでタレントの福島和可菜さんが中心となって整備した登山道。「ラニ」とは「天」や「空」を意味するハワイ語で、そのイメージどおりに、標高差500mを一気に直上する。中間地点に立つ標識も、ハワイアンな趣きだ。

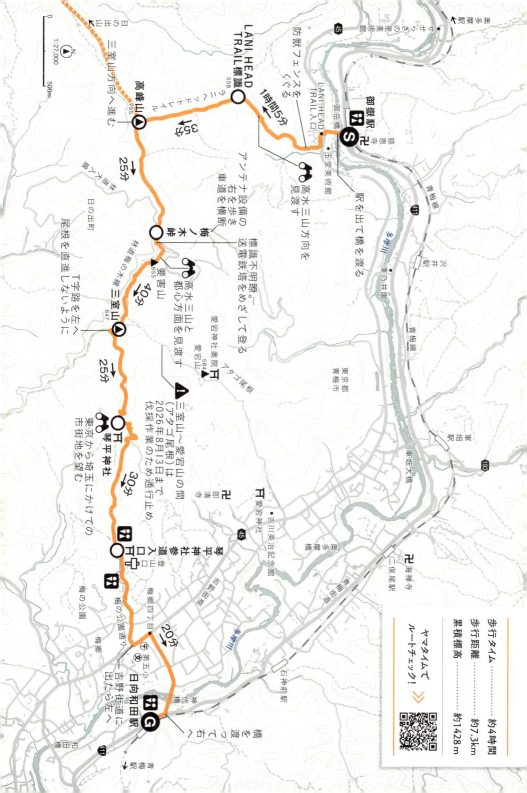

Course 04 高水三山（たかみずさんざん）

JR青梅線　軍畑駅

中級 ★★★

個性豊かな山々をつなぐ変化に富んだ縦走路

　青梅線の北側に連なる高水山・岩茸石山・惣岳山の3つを「高水三山」と呼ぶ。これらの山をつなぐ縦走コースはよく整備されており、駅から駅へと歩くことができる手軽さで多くの登山者に親しまれている。
　高水山の山頂直下には波切不動を祀る古刹・常福院が立ち、岩茸石山は奥多摩や奥武蔵方面の山々を見渡す眺望が自慢だ。山頂にひっそりと青渭神社の社殿が立つ惣岳山は静かな雰囲気で、それぞれ違う個性をもっている。
　全体的に心地よい樹林歩きだが、岩が露出している箇所、樹林越しの展望ポイントなどもあり、変化に富んだ縦走が楽しめる。

（文・写真／西野淑子）

山行アドバイス

●**登山適期**／一年を通じて歩くことができる。新緑は4月中旬〜5月中旬、紅葉は10月下旬〜11月中旬。

●**プランニング**／軍畑駅、御嶽駅のどちらからも登れるが、交通の便や下山後の娯楽を考えると軍畑駅から高水山〜岩茸石山〜惣岳山へ縦走し、御嶽駅に下山するのがおすすめ。土・休日に運行する快速電車は、御嶽駅に停車するが軍畑駅には停車しない。

●**注意点**／軍畑駅から高水山登山口へは、分岐がいくつかある。特に高源寺の手前、右に入る道で道標を見落とさないように注意。

↑高水山直下に立つ常福院の風格ある本堂
↓惣岳山の山頂には青渭神社の社殿が立つ

↑岩茸石山の山頂からは奥武蔵方面の山々を一望に

立ち寄りスポット

川辺の風景に心がなごむ御岳渓谷

多摩川の上流、御嶽駅周辺の御岳渓谷は川沿いに遊歩道が整備されて、心地よい散策が楽しめる。川面に赤や黄色の木々が映える紅葉の時期が特に美しい。河原を歩くと、川でカヌーやラフティングを楽しむ人の姿が見られる。

JR青梅線 | 鳩ノ巣駅

Course 05

川苔山
かわのり

上級 ★★★

奥多摩エリアでも人気が高い、広く明るい山頂へ

　アクセスがよく、さまざまなコースから登れることから、登山者に人気の山だ。東西に長い山頂は西側が開けていて、東京都最高峰の雲取山を中心とする、奥多摩最奥の山々を一望できる。

　山名は、この山の谷で良質な川苔が採取されたことに由来し「川苔山」が正しい。しかし、古い地形図に「川乗山」と誤記されたため、今もその名の標識が混在している。

　駅から山頂をめざす場合はJR青梅線の鳩ノ巣駅からが最短だ。下山は曲ヶ谷北峰を越えて、赤杭（あかぐな）尾根を下るのが充実する。下り始めは樹林が刈られた防火帯が続き展望も楽しめる。　　　（文・写真／木元康晴）

山行アドバイス

●**登山適期**／3月下旬～12月。冬は積雪を見ることが多く、特に降雪直後はルートが不明瞭になる。新緑は4月下旬～5月中旬、紅葉は10月下旬～11月中旬。

●**注意点**／道の分岐が多く、山頂部は地形が複雑だ。道迷い事例も多いので、進路を確かめながら進むように。

●**サブルート**／杉ノ殿尾根経由で鋸尾根から登るコースも充実する。ただし、足元が不安定で所要時間も長く中級者以上向け。百尋ノ滝経由で川乗橋バス停に向かうコースも人気だが、滑落事故が多いので充分に注意しよう。

←曲ヶ谷北峰からエビ小屋山手前までは防火帯の尾根が続く

↑川苔山頂上は西側が開けていて、遠く雲取山を望む

 チェック！

船底地形が観察できる舟井戸

登山口から続く植林の長いトラバースを過ぎて尾根に出たところに、「舟井戸」と記された標柱がある。これはそのすぐ東側の尾根上にある、船底を思わせる形の浅い窪みからついた地名だ。見落としがちな場所だが、ぜひチェックしていこう。

JR青梅線 | 奥多摩駅

Course 06 鳩ノ巣渓谷(はとのすけいこく)

初級

真っ白い大岩と青白い渓流のコントラスト

　多摩川の上流部、奥多摩駅と古里駅を結ぶ区間に設けられた「大多摩ウォーキングトレイル」で、多摩川の渓谷美を満喫しよう。
　奥多摩駅から鳩ノ巣までは渓谷歩き。両側が切り立った峡谷が目を引く数馬渓谷から、白丸湖を擁する白丸ダムへ。渓谷歩道は広葉樹の林が心地よく、カヤックなどを楽しむ人の姿も見られる。トレイル随一の景勝地・鳩ノ巣渓谷は真っ白い大岩と深い青色の渓流の色合いが美しい。硬い岩盤を激しい川の流れが年月をかけてつくり出した、自然の芸術を観賞しよう。鳩ノ巣から古里駅へは尾根道を緩やかに下る。終盤は広く穏やかな河原に下りられる。　　（文／西野淑子　写真／髙橋郁子）

山行アドバイス

● **登山適期**／一年を通じて歩けるが、おすすめは10月中旬〜11月上旬の紅葉の時期。峡谷の岩壁を赤や黄色の木々が彩り、白丸湖の湖面に木々が映り込む様子は一見の価値あり。

● **プランニング**／奥多摩駅から鳩ノ巣駅まで、渓谷歩道のみの散策も可能。雲仙橋の分岐から約5分で鳩ノ巣駅に出られる。

● **注意点**／渓谷に近いところを歩く数馬峡橋〜鳩ノ巣の区間は、落石や散策路の崩落で通行止めになる場合がある。奥多摩ビジターセンターのHPなどで、最新の散策路の情報を確認して出かけたい。

↑数馬峡橋から上流（数馬渓谷方面）を望む
↓松ノ木尾根展望台から川苔山方面を望む

↑切り立った白い岩壁と青白い渓流が美しい鳩ノ巣渓谷

 立ち寄りスポット

全国最大級の規模の魚道
白丸ダム

多摩川の上流部につくられた、水力発電用のダム。生息する魚がダムの上流と下流を行き来できるよう、魚道が設けられている（魚道の見学可能日は奥多摩町役場のHPで確認を）。

東京都西多摩郡奥多摩町棚澤671

JR青梅線 | 奥多摩駅

Course 07 | 本仁田山(ほにた)

中級 ★★☆

頂上まで急登が続く、奥多摩駅の背後の山

奥多摩駅の背後にそびえる山で、奥多摩エリアのなかでも駅から直接登れる山の代表格だ。ただし登路となる大休場(おおやすんば)尾根の傾斜は急で、樹林に覆われて展望もほぼない。その分、登ることに集中できるので、体力トレーニングなどには適している。

山頂は南西側の展望がよく、三頭山とその奥に富士山を見渡せる。また、下山路の杉ノ殿尾根は上部が防火帯として刈払いされていて、周囲の山並みを望みつつ歩ける。

晩秋の時期は、登山口のすぐ先にある乳房観音にも立ち寄っていこう。背後に立つ樹齢約110年のイチョウの黄葉が見事だ。

（文・写真／木元康晴）

山行アドバイス

● **登山適期**／一年を通じて登れる。樹林に覆われる区間がほとんどで、行程も比較的短いので、真夏でも意外と登りやすいし、積雪がなければ冬もよい。新緑は4月中旬～5月上旬、紅葉は11月上旬～下旬。

● **注意点**／登りは単調なので、ペース配分に注意。逆コースからでもよいが、かつては大休場から尾根を直進する道迷いが多かった。現在は表示があるが進路を確認しつつ進もう。

● **サブルート**／中級者以上であれば、瘤高山から鋸尾根に向かい、「05川苔山」(P18～19)をめざすと充実する。途中の岩場は慎重に。

↑ 展望のない急な登りが続く大休場尾根

↑ 本仁田山頂上は南西側が開けていて富士山を望める

↓ 林道西川線のすぐ下に祀られている大根ノ山ノ神

立ち寄りスポット

鳩ノ巣駅近くの「そば処 鳩美」

鳩ノ巣駅西側の川沿いにあるそば屋。かわいらしい器に盛られた本格的な手打ちそばを味わえる。20年以上前から登山者に親しまれてきた隠れた人気店だ。

東京都西多摩郡奥多摩町棚澤408
☎0428-85-2626

JR五日市線 ｜ 武蔵増戸駅

Course 08 弁天山〜今熊山　上級 ★★★

春、満開の花木を訪ねて里山縦走

東京都あきる野市と八王子市の境に連なる丘陵地帯、秋川丘陵。四季折々に彩られるたおやかな丘陵は、春の花木をめでる山歩きが楽しい。なかでも弁天山は山頂一帯にミツバツツジとサクラが植栽され、見頃の時期は花越しに市街地を望む景観がすばらしい。

武蔵増戸駅から弁天山、網代城山とつないで歩き小峰公園へ。公園内の散策路のひとつ、桜尾根は文字どおりサクラに彩られた心地よい尾根道だ。小峰公園から金剛ノ滝、今熊山まで足を延ばすと低山とはいえ充実したコースになる。今熊神社遥拝殿周辺も、春はミツバツツジの群落が見事で、花の山旅のフィナーレにふさわしい。　　（文・写真／西野淑子）

山行アドバイス

● **登山適期**／弁天山や今熊神社遥拝殿のミツバツツジ、小峰公園の桜尾根のサクラの見頃は3月下旬〜4月上旬。小峰公園ビジターセンターやあきる野市観光協会など地元のHPで開花状況の確認ができる。

● **サブルート**／小峰公園から今熊山方面に向かわず、武蔵五日市駅にショートカットすることができる。小峰公園から徒歩約20分。

● **注意点**／金剛ノ滝入口から金剛ノ滝へは沢沿いを進むが、道がわかりづらい。また増水時は徒渉が難しく、滝のそばまで近寄ることはできないので注意しよう。

↑サクラとミツバツツジに彩られた弁天山の山頂
↓今熊神社遥拝殿の境内は春にミツバツツジが咲き乱れる

↑網代城山山頂は北方面の眺望が開けている

立ち寄りスポット

紅茶と手作りケーキで一服
山猫亭

武蔵五日市駅前に店を構える喫茶店。紅茶の種類が豊富で、店主の説明を受けながら選ぶのが楽しい。自家製ケーキは定番ものと季節商品をまじえて常時2〜3種類、やさしい味わいだ。

東京都あきる野市舘谷220-9
☎042-596-6321

| JR五日市線 | 武蔵五日市駅 |

Course 09 金比羅山〜日の出山

こんぴら　　　ひで

上級 ★★★

緑豊かな静寂の尾根歩きで展望の頂へ

　青梅市と日の出町の境にそびえる日の出山。1000mに満たない低山ながら、展望の山として人気が高い。東側の眺望が開け、文字どおり「日の出」が楽しめる山。初日の出を求めて御来光登山を楽しむ登山者も多い。

　山頂に至る登山道は複数あるが、静かな尾根歩きを楽しめるのが、山の南側斜面に延びる金比羅尾根。武蔵五日市駅から、ひっそりと社殿が立つ琴平神社を経由して尾根に取り付く。うっそうと針葉樹が茂る緩やかな尾根道。ほぼ展望に恵まれないぶん、時折現われる展望に心が躍る。広々とした山頂からは、空気の澄んだ日なら東京スカイツリーを見ることもできるだろう。　　　（文・写真／西野淑子）

山行アドバイス

● **登山適期**／一年を通じて楽しむことができるが、眺望自慢の山だけに、空気の澄んだ晩秋から冬が適期。

● **プランニング**／下山地には日帰り入浴施設「生涯青春の湯 つるつる温泉」があり、快適な大浴場と露天風呂でなめらかな肌触りの温泉を満喫できる。食堂や売店もある。路線バスは施設の前から発着している。

● **注意点**／日の出山からの下山道はよく整備されているが、やや滑りやすい箇所がある。山頂までの登りで疲労が強いときや、雨上がりで濡れているときは慎重な歩行を。

↑金比羅神社を過ぎてほどなく、南西方向の眺望が開けた
↓あずまやのある日の出山の山頂は多くの人で賑わう

↑麻生山山頂は東側の眺望がよく、都心方向が見渡せる

チェック！

JR青梅駅〜つるつる温泉 バス路線登場

日の出町と青梅市をつなぐ梅ヶ谷トンネルの開通に伴い、2024年10月、JR青梅線青梅駅とつるつる温泉を結ぶバス路線が運行を開始した。所要約20分、土・休日のみの運行。青梅周辺の登山後、つるつる温泉に立ち寄るのにも便利。

西東京バス五日市営業所
☎042-596-1611

西東京バスキャラクター「にしちゅん」

Course 10

京王高尾線 | 高尾山口駅

南高尾セブンサミッツ

上級 ★★★

7つのピークを縦走して高尾山をめざすロングコース

　初心者向けの山だと思われている高尾山だが、周辺の登山道は数多く、それらを結ぶことで充実した登山も楽しめる。

　このコースもそのひとつで、京王高尾山口駅を起点とし、まずは東高尾山稜を縦走。続けて南高尾山稜も縦走して大垂水峠を陸橋で渡り、一丁平から高尾山山頂をめざす。

　ポイントは、名称どおり南高尾山稜上の草戸山、榎窪山、泰光寺山、入沢山、中沢山、金毘羅山、大洞山の7つの頂上に立つこと。さらに高尾山から自然研究路のひとつ1号路を歩いて高尾山口駅に戻れば、地図アプリで記録するルートの軌跡が、ハート型になるという楽しみもある。

（文・写真／木元康晴）

山行アドバイス

● **登山適期**／一年を通じて登れるが、暑さを避けた10月〜5月が登りやすい。新緑は4月中旬〜5月上旬、紅葉は11月中旬〜12月上旬。

● **プランニング**／長いコースなので、できるだけ早い時刻にスタートしよう。前半はエスケープしやすいが、後半はよい下山路はなく、高尾山に向かったほうが下山は早い。

● **注意点**／南高尾山稜には巻き道も多く、そちらへ進むとピークに立てない場合もあるので注意しよう。また、高尾山からの下山路は、1号路を選ばないとルートの軌跡がきれいなハート型にはならない。

↑見晴台から見た津久井湖と丹沢の山々、奥に富士山
↓1号路の途中にある金比羅台から見た都心方面

↑多くの登山者が訪れる高尾山の頂上

立ち寄りスポット

**日帰り入浴できる
京王高尾山温泉 極楽湯**

コースの終点となる、高尾山口駅に併設された日帰り入浴施設。22時30分まで営業しているので、ロングコースからの下山後でも利用しやすい。お食事処もあってくつろげる。

東京都八王子市高尾町2229-7
☎042-663-4126

Course 11

JR中央本線 ｜ 高尾駅

北高尾山稜（きたたかおさんりょう）

上級 ★★★

樹林の中の大小のピークを次々と越えるロングコース

　JR中央本線の北側を流れる小下沢に沿って、東西に長い山並みが連なる北高尾山稜。稜線上には10を超えるピークが連続するが、そのすべてを巻かずに登らなければならない。また、途中にトイレや茶屋などはなく、展望がよい場所もほとんどない。行き交う登山者も少ないが、じっくりと体力トレーニングなどに取り組むには最適なコースだといえる。

　コースの最高地点は、北高尾山稜の終点でもある堂所山だ。大きな標識が立っているが、ここも展望はない。下山は奥高尾縦走路上の明王峠へ向かい、相模湖駅に下るコースが、アップダウンが少なくて歩きやすい。

（文・写真／木元康晴）

山行アドバイス

●**登山適期**／一年を通じて登れるが、暑さを避けた10月～5月が登りやすい。新緑は4月中旬～5月上旬、紅葉は11月上旬～下旬。

●**プランニング**／長いコースなので、できるだけ早い時刻にスタートしよう。前半はエスケープしやすいが、後半は限られる。

●**サブルート**／堂所山から景信山～城山～高尾山と縦走するのも充実する。ただし歩行距離は20kmを超えるので、相応の心構えが必要だ。

●**注意点**／小さなピークが多く、進路がやや不明瞭だ。頂上に立ったら、下る方向を間違えないように確認しつつ進もう。

↑たくさんの地蔵菩薩石仏が安置された愛宕地蔵尊のピーク
↓明王峠からは遠く富士山を望む

↑北高尾山稜最高点の堂所山

立ち寄りスポット

メニューが豊富な かどや食堂

相模湖駅のロータリー前にある食堂。人気のわかさぎフライ定食やダムカレーなどメニューが豊富。アルコール類が充実しているのもうれしい。ロングコースから下山後の食事には最適だ。

神奈川県相模原市緑区
与瀬本町12　☎042-684-2002

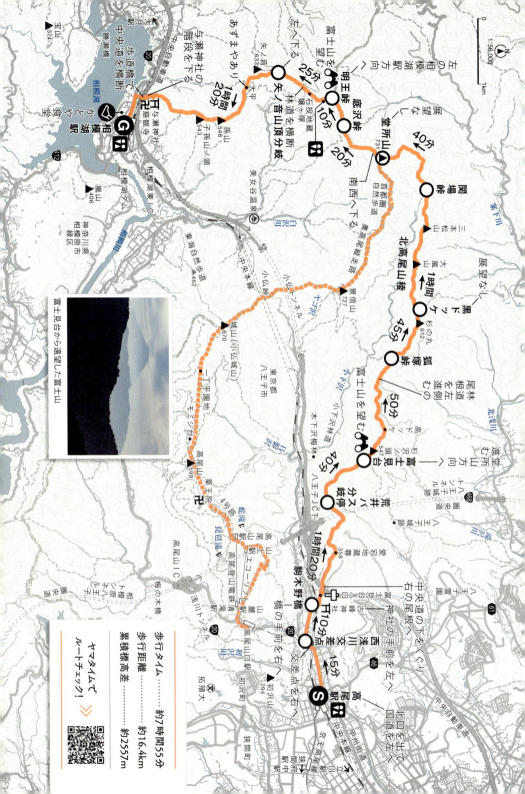

JR中央本線 | 藤野駅

Course 12

陣馬山(じんば)

中級 ★★☆

大きな白馬像が立つ展望抜群の広い頂上へ

　山頂は戦国時代に甲斐の武田勢が陣を張ったとされる場所で、広くて眺望がよい。その後、昭和30年代にハイキングコースが整備され、陣馬高原として多くのハイカーを集めるようになった。シンボルとされる白馬像が建てられたのもそのころだ。

　バスでのアクセスがしやすい山だが、JR中央本線の藤野駅から登山口まで、徒歩で向かうための標識も充分に整備されている。

　登りでたどる一ノ尾尾根はなだらかで歩きやすいものの、樹林に囲まれて展望はない。その分、富士山や丹沢、奥多摩の山並みを一望できる頂上に立ったときの喜びは大きい。

（文・写真／木元康晴）

山行アドバイス

●**登山適期**／一年を通じて登れる。新緑は4月中旬〜5月上旬、紅葉は11月上旬〜下旬。冬も積雪や凍結箇所は少なく、空気が澄んで展望がよくて楽しめる。

●**サブルート**／手軽に下山するのならば、山頂から栃谷尾根、または奈良子峠から奈良子尾根を下るのもよい。北側の和田峠経由で下れば、陣馬高原バス停からのJR高尾駅行きバスもある。また、明王峠から堂所山〜景信山〜城山〜高尾山と続く陣馬高尾縦走コースをたどるのも充実する。ただし歩行距離は20kmを超えるので、相応の心構えが必要だ。

↑一ノ尾尾根の登り口。ここから登山道が始まる
↓陣馬山頂上からは奥多摩方面の山並みも望める

↑大きな白馬像が立つ陣馬山の頂上

立ち寄りスポット

富士山を見ながらくつろげる山頂の茶屋

陣馬山の頂上には「清水茶屋」「信玄茶屋」「富士見茶屋」の3軒の茶屋があって、富士山を見渡す展望抜群の席で、軽食や飲み物、季節に応じた食事を楽しめる。営業日や営業時間は、季節や天候によって変わるので注意しよう。

Course 13

JR中央本線 | 藤野駅

日連アルプス
金剛山〜鉢岡山〜日連山

中級 ★★☆

急登の先にある6つの山を結んだ小さなご当地アルプス

相模湖の南西側に位置する、日連集落の中央にある小さな山並みを指す愛称で、火防の神様を祀る金剛山をはじめ、峰、八坂山、鉢岡山、日連山、宝山の6つのピークを結んだご当地アルプスだ。

長い日連大橋を渡って相模川の南岸に向かい、最初に登る金剛山へは急勾配の道が続く。また、最後に登る宝山からはロープ伝いの急下降があり、注意を要する。しかし、上部の尾根道は比較的平坦で歩きやすい。

最も展望がよいのは峰で、中央本線沿線の山々を一望できる。また稜線から南に外れている鉢岡山は、戦国時代は烽火台だった歴史あるピークだ。

（文・写真／木元康晴）

山行アドバイス

● **登山適期**／10月〜4月。新緑は4月上旬〜中旬、紅葉は11月中旬〜下旬。冬も積雪や凍結箇所は少なく、登りやすい。

● **注意点**／気温が高い初夏から初秋にかけて、ヤマビルが発生する。特に金剛山から八坂山の一帯に多い。ハイカットシューズや長ズボンを着用し、忌避剤や塩などを使って防ぐが、発生する季節の登山は見合わせるのが無難だ。また山域が小さいため、登山地図では進路などを把握しにくい。地形図やスマートフォンの地図アプリを使って、現在地を確かめつつ歩こう。

↑日連集落を守る金剛山神社が鎮座する金剛山
↓宝山からロープ伝いに急斜面を下る

↑峰の頂上から見た中央本線沿線の山々

チェック！
藤野町民によって選ばれた藤野15名山

藤野町の「藤野名山選定委員会」によって選定された、藤野を代表する15の山と峠。日連アルプスでは、金剛山と鉢岡山の2座が含まれている。パンフレットは、藤野観光協会のHP（https://info-fujino.com/）からダウンロードできる。

Course 14 高柄山

JR中央本線　四方津駅

上級 ★★★

地形が複雑で小さな登下降が連続するコース

　山梨県東部を流れる桂川の南に連なる秋山山系の山で、上野原市街地に近い御前山と結んで登られることが多い。赤い屋根の祠が目立つ山頂は北側の展望がよく、大岳山など奥多摩の山々やその右には陣馬山も見渡せる。

　四方津駅から桂川を渡り、川合峠から石仏が点々とある峠道を進むが、山頂近くの地形は複雑で、尾根をぐるりと回り込む。途中の林道横断点には崩落箇所があり、大丸のピークで秋山山系の主稜線に合流してからは、アップダウンが連続して体力を消耗する。

　新矢野根峠の先でいったん沢筋に下りてから取り付く御前山も、ロープが張られた急斜面が続く険しい山だ。　　　（文・写真／木元康晴）

山行アドバイス

● **登山適期**／10月〜4月。新緑は4月上旬〜中旬、紅葉は11月中旬〜下旬。冬も積雪がなければ登れるが、急斜面が多いので部分的な凍結箇所には注意しよう。

● **注意点**／御前山では、初夏から秋にかけてヤマビルが発生するので、その間の登山は見合わせるのが無難だ。

● **サブルート**／御前山は登らずに、右側から迂回して下山することもできる。体力に自信があるならば、「15高畑山〜倉岳山」（P40〜41）コース上の立野峠から稜線をたどって大丸へ向かい、このコースに結ぶと充実する。

↑高柄山頂上は北東側が開けて奥多摩から陣馬山方面を見渡す
↓御前山手前の急峻な岩場を登る

↑あずまやが立つ新矢野根峠

立ち寄りスポット

ハイカーも立ち寄りやすい
大衆食堂 一福

上野原駅北口の高台にある食堂。創業は昭和31年で、店舗上部の看板が歴史を感じさせる。ラーメンや定食などのメニューが充実し、登山後の食事には最適だ。
山梨県上野原市新田1053
☎0554-63-0636

Course 15 | JR中央本線 鳥沢駅

高畑山(たかはた)～倉岳山(くらたけ)

上級 ★★★

自然豊かな尾根道が続く縦走コース

　倉岳山は、山梨県東部を流れる桂川の南に連なる秋山山系の最高峰で、西に隣接する高畑山と合わせて登られることが多い。登山口がJR中央本線の鳥沢駅に近く、古くから駅から登る山の定番とされてきた。どちらも大月市選定の秀麗富嶽十二景九番山頂に選ばれており、富士山を見る山としても人気がある。

　小篠貯水池から登山道に入り、先に高畑山に登ってから稜線を東へ向かい、倉岳山に登って立野峠から下山するのが一般的だ。登りでは小篠沢、下りでは月尾根沢をたどるが、どちらも沢の流れが美しい。稜線も明るい広葉樹林が続いて、自然の豊かさも感じとれるコースだ。

（文・写真／木元康晴）

山行アドバイス

●**登山適期**／10月～4月。新緑は4月上旬～下旬、紅葉は11月上旬～下旬。冬も積雪がなければ登れるが、急斜面が多いので部分的な凍結箇所には注意しよう。夏はブユが発生するので避けたほうがよい。

●**注意点**／晩秋は落ち葉が登山道を多い隠し、登山道がやや不明瞭になる。進路を慎重に探しつつ歩こう。

●**サブルート**／高畑山に登らずに、小篠沢沿いの登山道を登って穴路峠に向かうのもよい。途中には、夫婦杉と大トチノキの見事な巨樹がある。

↑北側の扇山中腹から見た倉岳山(左)と高畑山(右)
↓倉岳山手前の美しい自然林の尾根道

↑小滝が連続する小篠沢

 チェック!

秀麗富嶽十二景の今

大月市内から望む美しい富士山の姿を伝えようと、1992年に選定された「秀麗富嶽十二景」。高畑山と倉岳山も九番山頂に選ばれている。しかしすでに30年以上が経過し、周囲の樹林が成長してきて、展望がいまひとつの頂上もあるのが実情だ。

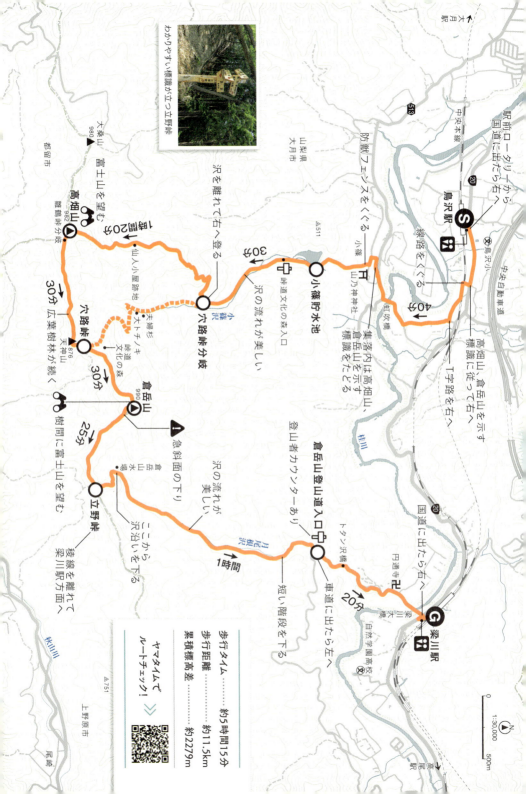

JR中央本線 ｜ 鳥沢駅

Course 16 | 扇山(おうぎ)

中級 ★★☆

裾野を広げた山容が目立つ明るい富士山の展望地

　JR中央本線の電車が鳥沢駅に近づくあたりで北を見ると、裾野を大きく延ばす台形の山が目に入る。これが扇山で、その姿が広げた扇に見えることが山名の由来とされる。大月市選定の秀麗富嶽十二景六番山頂に選ばれているほか、近くの百蔵山、権現山と合わせて北都留三山の一座ともされている。

　登山口の梨ノ木平まではバスの便はあるが本数は少なく、徒歩で向かう登山者が多い。山頂は広い草原状で、富士山を眺めながらくつろぐには最適だ。

　下山ルートはいくつか選べるが、山谷集落を経由する道を進めば、最小限の車道歩きで鳥沢駅に戻れる。　　　　（文・写真／木元康晴）

山行アドバイス

● **登山適期**／10月～4月。新緑は4月上旬～下旬、紅葉は11月上旬～下旬。5月上旬～中旬はヤマツツジが花を咲かせる。コースは南面なので、冬も比較的登りやすいが、部分的な凍結箇所には注意しよう。

● **サブルート**／ツツジが咲く時期はツツジ新道を登るのもよい。下山は古い宿場町の犬目集落とサクラの名所である大野貯水池を経由して、四方津駅まで歩いていくこともできる。三境からの所要時間は、約2時間。ただし車道歩きが長く、特に大野貯水池からは歩道が狭い車道を30分ほど歩くので注意しよう。

↑水呑杉の水場の上に祀られる山ノ神社の奥宮祠
↓広く明るい扇山の頂上

↑扇山頂上から見た富士山

チェック！

西に隣接する百蔵山への縦走コース

扇山から、西の百蔵山まで縦走するコースもポピュラーだ。山頂から大久保ノコルに引き返し、大久保山から自然林が美しい尾根を長く下って宮谷分岐へ。そこから急登を登り、百蔵山まで約2時間半。逆コースで歩くのもよい。

Course 17 百蔵山(ももくら)

JR中央本線 | 猿橋駅

中級 ★★☆

富士山の眺望が見事な桃太郎伝説の山

　富士山の眺望がよいことで知られる山で、大月市選定の秀麗富嶽十二景の七番山頂にも選ばれている。広い山頂から望む、道志山塊と御坂山地に挟まれた富士山も見事だし、稜線の手前にある見晴らし台から見た、杓子山の奥にそびえる富士山の姿も趣がある。

　登山口までバスの便はあるが本数は少なく、歩いて向かう登山者が多い。

　桃太郎伝説の舞台でもあり、この山から流れてきた桃から生まれた桃太郎は、近隣の犬目、鳥沢、猿橋でイヌ、キジ、サルを家来にし、西の岩殿山へ鬼退治に向かったという。登山口へ向かう車道は西側が開けていて、その岩殿山の展望もよい。

（文・写真／木元康晴）

山行アドバイス

● **登山適期**／10月〜4月。新緑は4月上旬〜下旬、紅葉は11月上旬〜下旬。コースは南面なので、冬も比較的登りやすいが、部分的な凍結箇所には注意しよう。

● **注意点**／宮谷白山遺跡の入り口がややわかりにくい。宮谷橋を渡った先の右側に、小さい標識があるので見落とさないように。

● **サブルート**／百蔵山登山口バス停の先の、百蔵山分岐を起点とした周回コースもとれる。その場合は、コタラ山分岐から南東側の尾根が鎖場となるため、反時計回りに歩いたほうが難度は低くなる。

↑稜線手前の見晴らし台から富士山を望む
↓広い頂上から見た富士山

↑アカマツが続く頂上直下の歩きやすい尾根道

立ち寄りスポット　日本三奇橋のひとつ猿橋

「岩国の錦帯橋」「木曽の桟」と並ぶ日本三奇橋のひとつで、橋脚がなく、両岸の岩場からせり出した四層の支え木によって支えられている特殊な橋だ。たくさんのサルがつながり合って対岸へ渡っていく姿にヒントを得て、つくったとされる。

Course 18 岩殿山

JR中央本線／富士急行大月線　大月駅

中級 ★★☆

山麓から望む鏡岩が印象的な展望の山

　大月駅から間近に見える、つるりとした岩肌が印象的な山。戦国時代にこの地を治めていた小山田氏の居城、岩殿城が山頂に築かれ、険しい地形を生かした難攻不落の城だったという。建物は残っていないが、詳細な解説板で当時の様子を知ることができる。

　山の北麓、畑倉登山口からのルートは心地よい樹林帯。途中の鬼の岩屋にも立ち寄っていきたい。山頂からは眼下に大月市街、目の前に秀麗な富士山が眺められる。山頂から稚児落としへの稜線では岩場が現われる。切れ落ちた岩場と絶景、スリル満点の稚児落としから振り返れば、岩殿山から歩いてきた稜線が見渡せて壮観だ。
（文・写真／西野淑子）

山行アドバイス

●**登山適期**／中腹の丸山公園はサクラの名所として知られ、見頃は4月上旬。山頂にもサクラが見られる。山々の展望を楽しむなら空気が澄んだ晩秋から冬がおすすめ。

●**プランニング**／丸山公園は強瀬登山口から徒歩10分ほど。写真家の白籏史朗氏の写真を展示する「岩殿山ふれあいの館」もあり、時間が許せば立ち寄りたい。

●**注意点**／兜岩の岩場、稚児落とし以外にもちょっとした岩場の歩行や、ザレで歩きづらい下りが続く。鎖やロープが設置してある場所もあるので、充分注意して進もう。

↑天然の岩を門にしつらえた揚城戸跡
↓登山道から稚児落としの断崖を望む

↑山頂付近、乃木将軍の碑の前から富士山と大月市街を望む

立ち寄りスポット

大月駅前、ツタの絡まる洋館
月cafe

緑に覆われた洋館が目を引く、大月駅のロータリー前に立つカフェ。下山後に電車を待ちながらひと息つくのにおすすめ。数種類から選べるボリューム満点のランチのほか、モーニングも人気。

山梨県大月市大月1-3-20
☎0554-23-2323

JR中央本線 | 初狩駅

Course 19

高川山(たかがわ)

初級 ★☆☆

ふたつの路線を結んで登る変化に富んだ里山コース

御坂山地から北東に延びる稜線が、桂川と笹子川に挟まれて消えていく末端近くに位置する山だ。手軽に登れる山ながらも山頂からの展望はよく、特に富士山を見る山として人気が高い。大月市が選定した秀麗富嶽十二景の十一番山頂に選ばれるほか、都留市が選定した都留市二十一秀峰にも選ばれている。

登山道は複数あるが、初狩駅からやや暗い北面を登って山頂を越え、明るく開けた東側の富士急行線側へ向かうコースが変化に富んでいる。下山してから歩く小形山集落はかつては養蚕で栄えた村で、古い石仏などが今も点々と残っていて興味深い。

（文・写真／木元康晴）

─── 山行アドバイス ───

●**登山適期**／10月～4月。新緑は4月中旬～5月上旬、紅葉は11月中旬～下旬。冬も積雪や凍結箇所は少なく、登りやすい。

●**サブルート**／登りは女坂、または玉子石ルートを進んでも、大きな違いはない。下りは古宿コースを進むと頂上直下に短い岩場が現われる。また、むすび山へ向けて縦走するコースは、御坂山地の稜線を忠実にたどり興味深い。峯山、オキ山、むすび山と越えて、最後はJR・富士急行線大月駅の1kmほど南西側に下山する。ややロングコースなので、めざすときは時間の余裕をもつようにしよう。

←高川山頂上から都留市街地を隔てて見上げた富士山

↑狼煙台跡付近の自然林に覆われた尾根道を歩く

立ち寄りスポット

山梨県立リニア見学センター

高川山の近くを通る、山梨リニア実験線の走行試験を間近で見学できる。休館は月曜日で、走行試験が行なわれない日もある。訪問の際は、事前にリニア見学センターHPを確認しよう。

山梨県都留市小形山2381
☎0554-45-8121

JR中央本線 | 初狩駅

Course 20 | 滝子山(たきご) | 上級 ★★★

急な登山道からめざす、堂々とした山容の展望抜群の山

南北に長い大菩薩連嶺の最南端に位置する山で、滝をもつ沢がいくつも流れ出ていることが山名の由来とされる。南側山麓からは3つの頂上があるように見えることから、古くは三ッ森や三ッ丸と呼ばれていたという。

三角点が設置されている東峰は濃い樹林の中だが、頂上の展望は抜群で、北に大菩薩連嶺、南には富士山をはじめ、中央本線沿線の山々を広く見渡せる。大月市選定の秀麗富嶽十二景の四番山頂にも選ばれている。

登りの藤沢コースは急登続きだが、登山道の整備状況はよい。下山は防火帯の尾根からすみ沢沿いをたどる道が歩きやすく、変化に富んでいる。　　　　　　（文・写真／木元康晴）

山行アドバイス

- **登山適期**／4月〜11月。新緑は4月下旬〜5月中旬、紅葉は10月下旬〜11月中旬。年によって前後するが、5月中旬ごろは山頂部でヤマツツジとミツバツツジが花を咲かせる。
- **注意点**／標高差1000m以上を一気に登るため、意外と体力を消耗する。行程には余裕をもって、ペース配分に注意して登ろう。
- **サブルート**／笹子駅起点に取り付く、寂ショウ尾根（南稜）という破線コースがよく登られている。上部に続く岩場では、5月はイワカガミが花を咲かせる。ただしルートがやや不明瞭で事故も多いため、経験者向けだ。

↑南東側山麓から見上げた滝子山
↓すみ沢に下る登山道の上部は防火帯として切り開かれている

↑滝子山山頂上から三ツ峠山越しに見た富士山

立ち寄りスポット

お酒の試飲もできる笹一酒造

敷地内には蔵元直営のショップ「笹一酒遊館」とカフェ「SASAICHI KRAND CAFE」があり、ここでのみ入手できる商品を販売。試飲専用のカウンターも設置されていて、笹一の世界観をゆったりと味わえる。

山梨県大月市笹子町吉久保26
https://www.sasaichi.co.jp/

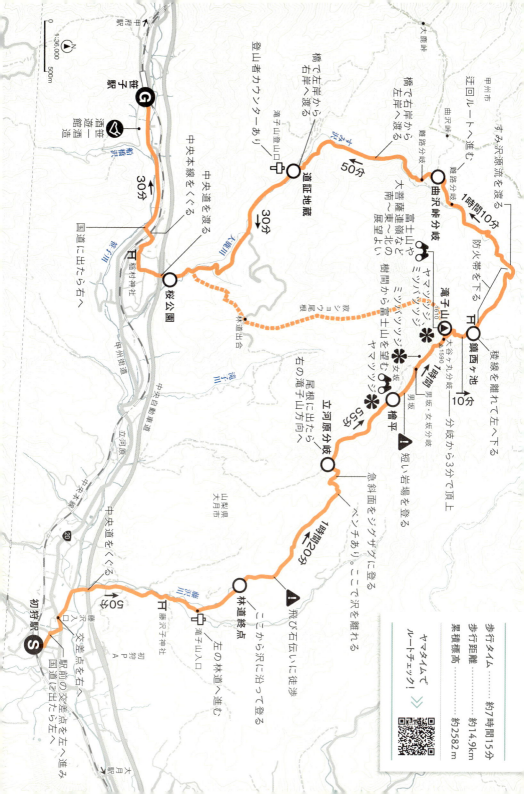

JR中央本線　笹子駅

Course 21

本社ヶ丸
ほんじゃがまる

上級 ★★★

深い樹林を抜けて岩場の奥の尖った頂上へ

　下部はヒノキなどの人工林、上部はブナなどの自然林に覆われた山だが、露岩が目立つ山頂部は展望がよく、西に隣接する清八山と合わせて、大月市が選定した秀峰富嶽十二景の、十二番頂上に選ばれている。

　山名の「本社」は、かつてこの山の中腹に舟形明神の本社が祀られていたことによるとされる。また「丸」は、古代朝鮮語の山を表わす「マレ」という言葉が変化したものではないかと考えられている。

　登山口は奥まった場所にあり、笹子駅から歩いて行けるが車道の区間は長い。登山道は急登が連続し、思いのほか体力を要する。

（文・写真／木元康晴）

山行アドバイス

●**登山適期**／4月〜11月。新緑は4月下旬〜5月中旬、紅葉は11月上旬〜下旬。
●**注意点**／登りで1カ所、下りでは数箇所の沢の徒渉点がある。転倒しないよう慎重に渡ろう。雨天時の登山は見合わせること。
●**サブルート**／体力と時間に余裕があれば、宝越えから稜線を東へ進み、鶴ヶ鳥屋山をピストンするのもよい。また、清八山から稜線を南へ向かって、三ツ峠山まで縦走するコースも充実する。長いコースなので早出をするか、三ツ峠山にある山小屋に宿泊するなどのプランニングを考えよう。

↑清八山の頂上から見た富士山
↓ブナの木が生える角研山近くの稜線

↑本社ヶ丸の頂上手前の岩場を通過する

立ち寄りスポット

古くから旅人に親しまれていた
笹子餅

甲州街道の難所だった、笹子峠を越える旅人が食べた餅。笹子駅前の「みどりや」で今も朝7時から販売している。売り切れ次第閉店なので、登山前に買っていこう。

山梨県大月市笹子町
黒野田1332　☎0554-25-2121

| JR中央本線 | 笹子駅 |

Course 22 笹子雁ヶ腹摺山 （ささごがんがはらすりやま）

上級 ★★★

アップダウンを繰り返して巡る富士山展望の2山

「雁ヶ腹摺山」という山名は、ガンなどの渡り鳥が、腹を擦るように飛ぶコースに当たることからついたとされる。登山地図を見ると、大菩薩連嶺にはこの名のついた山が3つある。連嶺上の牛奥ノ雁ヶ腹摺山、東に派生した稜線上の雁ヶ腹摺山、そして旧甲州街道の笹子峠に近い、この笹子雁ヶ腹摺山だ。

急登の先にある頂上は狭く、樹林が多いものの一段下からは富士山がよく見えるため、大月市が選定した秀峰富嶽十二景の四番山頂に選ばれている。さらに稜線を北東へ進んだ先のお坊山からは、富士山に加え南アルプスや八ヶ岳などの山々の、より雄大な景色が楽しめる。

（文・写真／木元康晴）

山行アドバイス

● **登山適期**／4月〜11月。新緑は4月下旬〜5月中旬、紅葉は11月上旬〜下旬。

● **注意点**／米沢山からお坊山は奥まった場所にあり、エスケープルートに適した登山道がないので、時間の余裕をもってめざそう。

● **サブルート**／笹子雁ヶ腹摺山だけをめざすのであれば、西側の笹子峠を経由する周回コースで登るのもよい。山頂西側は急斜面なので慎重に。また、お坊山から東峰を経由して下る破線コースのお坊山東稜がよく歩かれているが、下山直前で道が不明瞭な急斜面になるため、山に慣れていない人には不向きだ。

↑笹子雁ヶ腹摺山の頂上手前から見た富士山

←米沢山の手前は急な登りが続く

 立ち寄りスポット

武田家終焉の地 景徳院

登山道から下山したすぐ近くにある、徳川家康の命によって建立された寺院。戦国武将の武田家終焉の地で、境内には遺構が多く残る。当時の姿を残す山門は、山梨県の重要文化財に指定されている。

山梨県甲州市大和町田野389

| JR中央本線 | 勝沼ぶどう郷駅 |

Course 23

甲州高尾山
こうしゅうたかお

上級 ★★★

ふたつの古刹を訪ねつつ歩く、眺望が見事な稜線

　全国に高尾山と名がついた山は数多い。この山もそのひとつで、ほかと区別して「甲州高尾山」と呼ばれている。かつては全山が樹林に覆われていたというが、約25年前に発生した山火事により山頂部の樹木が焼失。今は展望のよい尾根道が続くものの、森林は再生に向かい、木々は次第に高くなってきている。

　登山道のスタート地点は、滝に囲まれた荘厳な景観のなかに立つ、大滝不動尊。修験霊場としての歴史をもつ神秘的な寺だ。また下山後に参拝できる大善寺は、庶民に親しまれてきて、ぶどう寺の愛称もある。雰囲気の異なるふたつの寺を訪ねることも、このコースの魅力のひとつだ。　　　　（文・写真／木元康晴）

山行アドバイス

● **登山適期**／10月〜5月。新緑は4月中旬〜5月上旬、紅葉は11月上旬〜下旬。1月下旬から2月上旬の冷え込んだ日には、大滝不動尊を囲む滝が氷瀑になって見事。ただし、登山道の部分的な凍結には充分注意すること。

● **注意点**／展望台から富士見台分岐の間は、倒木が続くので慎重に。大善寺から先は「勝沼フットパス」をたどるのが歩きやすい。

● **サブルート**／展望台から林道を東に進んで尾根に上がり、棚横手山をピストンしてから富士見台経由で甲州高尾山に向かうこともできる。ただし、富士見台周辺はヤブが濃い。

↑左奥に雄滝が流れ落ちる大滝不動尊の本堂
↓樹林の中に標識が立つ甲州高尾山の頂上

↑展望のよい東峰からは南アルプスを一望できる

日本遺産にも選ばれた 柏尾山大善寺

階段を登った先にある薬師堂は、鎌倉時代に竣工した山梨県内最古の寺院建築で、国宝にも指定されている。特別拝観を申し込めば、住職が造った甲州ワインやぶどうジュースを味わえる。

山梨県甲州市勝沼町勝沼3559

JR小海線 | 野辺山駅

Course 24 | 飯盛山（めしもり） | 中級 ★★☆

山頂部が草原になった牧歌的な風景が広がる山

長大な秩父山地の最西端に位置する山で、ご飯を盛り付けたようにすっきりとした山容が山名の由来だ。200万年以上前の火山活動によってできた岩がこの山を形作っていて、登山口の平沢峠の北側には、その名残である大きな獅子岩が地面から突き出ている。

山頂部にある3つのピークのなかで、最も高い飯盛山は周囲からひと際高く突き出ており、富士山や南アルプスなどスケールの大きな景色を堪能できる。北に隣接する大盛山は植物保護柵に囲われていて、夏には高山植物が一面に花を咲かせる。北西側の平沢山の頂上は広く、展望がよいだけでなく昼食休憩などにも最適な場所だ。　　（文・写真／木元康晴）

山行アドバイス

● **登山適期**／5月〜10月。新緑は5月上旬〜下旬、紅葉は10月中旬〜11月上旬。6月には登山道上にレンゲツツジが咲く。大盛山山頂部は7月にはニッコウキスゲやウツボグサ、8月〜9月にはマツムシソウやワレモコウなどが一面に咲く。12月〜3月の間は雪が積もっていることが多い。

● **注意点**／牛の放牧地としても利用されている山で、登山道脇に有刺鉄線が張られている場所もあるので周囲をよく見て歩くように。山頂部は草原状になっていて、風をさえぎるものがないので強風時は注意しよう。

↑平沢峠の北側にある獅子岩

↑平沢山の手前から見た八ヶ岳連峰

↓大盛山のお花畑から見た飯盛山の頂上

立ち寄りスポット
下山後にのんびり歩きたい 清里の街

下山場所となる清里は、1980年代は「高原の原宿」と呼ばれたほど若い観光客を集めた場所。今も蒸気機関車が展示された駅前広場を中心に、土産物屋が並んでいる。帰りの電車を待つ間に、買い物などを楽しもう。

Course 25 九鬼山（くきやま）

富士急行大月線　田野倉駅

初級 ★☆☆

植林の中に点々と続く富士山の展望地を訪ねる

百蔵山の桃太郎伝説と関わりのある伝説をもつ山で、言い伝えによって細かな違いはあるものの、9匹の鬼がこの山に棲んでいたことが山名の由来とされる。

大月市が選定した秀麗富嶽十二景の十番山頂に選ばれているが、当時の展望地は樹木が成長し、見通しは悪くなってきた。近年、展望スポットとして人気が高いのが、池ノ山コースの池ノ山手前の鞍部で、都留市街地を隔てて見上げる富士山は迫力がある。稜線手前の天狗岩からも、高度感のある景色が広がる。

頂上も樹間から富士山を望めるが、より開けているのは北側で、大菩薩連嶺や奥多摩の山並みを一望できる。　　（文・写真／木元康晴）

山行アドバイス

● **登山適期**／10月～4月。新緑は4月上旬～下旬、紅葉は11月上旬～下旬。富士山の展望がよい冬がおすすめだが、部分的な凍結箇所には注意しよう。

● **サブルート**／駅から登れるコースが多い山だ。登山者が多いのは、田野倉駅から札金峠の南に出て尾根を南下するコース。その場合、下山は天狗岩から禾生駅へ向かうことが多い。秀麗富嶽十二景の推奨コースは、JR中央本線猿橋駅から御前山を越えて縦走するもの。または、JR・富士急行線大月駅を起点とし、菊花山を越えて縦走することもできる。

←九鬼山頂上。背後には奥多摩の山並みが広がる

↑池ノ山手前の鞍部から都留市街地を隔てて望む富士山

立ち寄りスポット

明治時代にレンガで
つくられた落合水路橋

下山時に下をくぐる、レンガ造りの趣ある外観をした現役の水路橋。これは1907（明治40）年に運転を開始した大月市内の駒橋発電所に向けて、富士山からの豊富な量の水を送るためのもの。1997年には、国の有形文化財に登録されている。

富士急行大月線　｜　都留市駅

Course 26　都留アルプス

上級 ★★★

景観の移り変わりを楽しみつつ歩くご当地アルプス

都留市中心部の東側に連なる、約8kmにわたって続く山並みに、地元の有志が開拓、整備したご当地アルプス。コースの前半となる谷村発電所から元坂までは、水力発電の水路に沿った道をたどる。特にユニークなのは、「ピーヤ」と呼ばれる鍛冶屋坂水路橋。下に立って手を叩くと、「鳴り龍」と呼ばれる音の多重反射による共鳴現象が生じて、音が震えるように響き渡る。

コースの後半は、尾根や谷筋を次々と越えるアップダウンの多い道に変わる。また、コースの最高地点は人工林に囲まれて展望はないが、「都留アルプス山」と記された標識が立っている。

（文・写真／木元康晴）

山行アドバイス

- ●登山適期／10月～4月。新緑は4月上旬～下旬、紅葉は11月上旬～下旬。4月上旬には、谷村発電所巡視路や鍛冶屋坂水路橋で咲くサクラが見事。日当たりがよく冬も登りやすい。
- ●サブルート／コースの途中から下山できる道は8本あり、体力に合わせて登れる。紹介したのは全区間を歩く「がっつりコース」で、ほかに楽山球場へ下る「一般コース」、楽山公園に下る「ファミリーコース」がある。
- ●注意点／アップダウンが多くなるコース後半になると、よいエスケープルートがない。楽山球場分岐で進むか下山するかを判断しよう。

↑「ピーヤ」と呼ばれている鍛冶屋坂水路橋

↑友愛の森の先の展望地からは御坂山地や大菩薩連嶺南部を一望

↓最後のピークとなる古城山に祀られた住吉神社

立ち寄りスポット

3月下旬に満開となるミツマタ群生地

都留アルプス山の標識を過ぎた先の、送電鉄塔の下にある広い窪地一面がミツマタに覆われていて、毎年3月下旬ごろから一面に花を咲かせる。見頃は年によって多少前後するので、都留市観光協会のSNSで開花状況をチェックしよう。

富士急行大月線 | 三つ峠駅

Course 27

倉見山（くらみ）

中級 ★★☆

富士山の眺望が見事な小さな町の静かな山

　山梨県内では2番目に面積が小さい自治体である西桂町の、南東端に位置する山で、国土地理院の地形図には山名が記載されていない。しかし標高は1200mを超えていて、「25 九鬼山」（P60〜61）で紹介した池ノ山手前の展望地から見ると、富士山の右手前にすっきりとした三角形の姿が存在感を放つ。

　登山者は少なく、登山道もやや歩きにくいが、富士山に近いため眺望はほかの富士山展望の山にも引けを取らない。また西桂町の町並みを見下ろす「さすの平」や、山頂以上に富士山の展望がよい見晴台などの展望スポットが点在し、山頂部に広がる自然林も美しい。

（文・写真／木元康晴）

山行アドバイス

● **登山適期**／4月〜12月。新緑は4月中旬〜5月上旬、紅葉は10月下旬〜11月中旬。

● **注意点**／登山者が少ないため、道が踏み固まっていない箇所がある。特にさすの平手前のトラバース道は路肩が不安定だ。雨の翌日などはスリップしないよう注意しよう。また、逆コースは登山口がややわかりにくく不適。

● **サブルート**／富士急行大月線東桂駅から長泉院まで車道を歩き、墓地を通り抜けて北東尾根経由でも山頂へ向かえる（約2時間）。また堂尾山公園から富士見台経由で寿駅へ下山できる（約40分）。

↑さすの平から見下ろした西桂町の家並み
↓見晴台から見た富士山

↑周囲にマツの木が立つ倉見山頂上

立ち寄りスポット

三ツ峠山を大きく見上げる 白山神社

登山口近くの厄神社の手前にある白山神社は、平安時代に加賀国から勧請された古い神社だ。長く急な階段を登ると着く境内はとても展望がよく、西桂の街並みを挟んで対岸にそびえる、三ツ峠山の全容を見渡せる。

山梨県南都留郡西桂町倉見1029

Course 28 三ツ峠山(みつとうげ)

富士急行大月線 ｜ 三つ峠駅

上級 ★★★

古くから信仰の対象として登られてきた富士山を望む山

三ツ峠とは開運山、御巣鷹山、木無山の3つのピークの総称で、「峠」は山の突起をさす「ドッケ」がなまったものとされる。古くは信仰登山で栄えた山で、現在も八十八大師の石仏群などにその名残を感じる。

富士山を望む山頂部は高原的で、頂上直下にはクライミングの対象となる、高さ約80mの屏風岩がある。さらに駅から直接アクセスできる利便性もあって、昭和40年ごろは大学山岳部の訓練の場として、大変にぎわったという。今はバスを利用した裏登山道からの登山者が多く、達磨石を経て山頂をめざすこの表登山道コースでは、比較的静かな山歩きが楽しめる。
（文・写真／木元康晴）

山行アドバイス

● **登山適期**／4月〜12月。新緑は4月下旬〜5月中旬、紅葉は10月下旬〜11月中旬。山頂付近では、5月下旬ごろミツバツツジが咲く。
● **注意点**／屏風岩の下を通過するときは、上部からの落石を警戒しよう。特にクライマーが登っているときは充分に注意すること。
● **サブルート**／四季楽園前から南へ延びる府戸尾根を霜山まで進み、「29新倉山」（P68〜69）を経由して下吉田駅へ下れる（約3時間30分）。ただし、霜山からはロープ伝いに下る急な岩場となるため上級者向け。特に落ち葉で滑りやすい晩秋は、避けたほうが無難だ。

↑表参道の上部に石仏が並ぶ八十八大師
↓開運山の頂上直下に切り立つ屏風岩

↑富士山を大きく望む開運山の頂上

立ち寄りスポット

三ツ峠山山頂を望む 神鈴ノ滝遊歩道

達磨石に向かう途中のメインコースの左側に、約150mにわたって続く遊歩道。左側を流れる柄杓流川は一枚岩の上に小滝が続く、独特の景観だ。最上段の滝とその上の風化した堰堤の奥には、三ツ峠山の山頂も望める。新緑や紅葉も美しい。

富士急行大月線 | 下吉田駅

Course 29 | 新倉（あらくら）山 | 初級 ★☆☆

観光客が集まる絶景スポットから静かな山道を歩く

　山頂は展望皆無で驚くほど地味だが、南側山麓に祀られる新倉富士浅間神社と、その背後に広がる新倉山浅間公園を訪れる観光客はとても多い。特に富士山を背景にした、五重の戦没者忠霊塔と春のサクラ、または秋の紅葉を望む絶景スポットとして広く知られ、外国人旅行者にも大変人気がある。

　公園の上端から登山道に入り、山頂の先にある階段を登れば御殿のピークだ。ここは展望がよく、南側に富士山を、東寄りのベンチからは道志山塊の山々を見渡せる。

　下山は二本杉方向に進むと、もうひとつの富士山展望地である富士見孝徳公園にも立ち寄ることができる。

（文・写真／木元康晴）

山行アドバイス

●**登山適期**／一年を通じて登れるが、夏の気温が高い日は避けたほうが無難。サクラは3月下旬～4月中旬、紅葉は11月中旬～12月上旬。6月上旬は山頂に向かう途中にアヤメ群生地があるが、最近は花の数が少ない。

●**注意点**／サクラと紅葉の季節は、観光客で非常に混雑し、展望デッキに上がるまでに1時間以上も待つことがある。早朝に登るなどして、混雑する時間帯を避けたほうがよい。

●**サブルート**／御殿から霜山に登り、稜線を南西に進むと「30天上山」（P70～71）へ行ける（約2時間）。岩場があるので上級者向け。

↑登り口に祀られる新倉富士浅間神社
↓御殿の東側には御正体山（中央）や大室山（左奥）が連なる

↑展望デッキから見た五重の忠霊塔と富士山

 立ち寄りスポット

江戸時代後期から続く 葭之池温泉

葭池温泉前駅の手前にある、日帰り温泉。1856（安政3）年から続く歴史をもつ、風情ある木造建築で、昭和そのままのレトロな浴室がある。食事も可能で、素朴なうどんがおいしい。

山梨県富士吉田市富士見4-11-22　☎0555-22-3362

穴に頭を入れるとゴーンゴーンと音が鳴るゴンゴン石

樹林の中の目立たない新倉山頂上

N
1:15,000
0　　　200m

・霜山

1037

御殿 ▲1184
南に富士山、東に道志山塊を望む
5分

下山時、二本杉方向へ進む

展望なし－新倉山 ▲1180
・テレビ塔
25分

山ノ神
○二本杉

35分

・ゴンゴン石

山梨県
富士吉田市

國福大神社
⛩

✿サクラ

富士山を望む

○富士見孝徳公園 ▲797

50分

✿アヤメ ▲944

ここから登山道
・新倉山浅間公園上端のあずまや

25分

新倉山浅間公園
展望デッキ
忠霊塔と富士山を望む
・忠霊塔
✿サクラ
新倉富士浅間神社 ⛩
・咲くや姫階段──398段の階段を登る
・中央高天原遙拝地
富士山を望む

葭之池温泉 ♨
G 葭池温泉前駅
→大月駅

中央道をくぐって左へ

「三國第一山」の鳥居をくぐる

「忠霊塔」の標識を目印に進み中央道をくぐる

30分

中央自動車道

S 下吉田駅
駅を出てすぐ右に向かい踏切を渡る

139

宮川

富士急行大月線

月江寺駅

富士山駅

歩行タイム……約2時間55分
歩行距離……約5.0km
累積標高……約1091m

ヤマタイムでルートチェック！

富士急行河口湖線　河口湖駅

Course 30
天上山
てんじょう

初級 ★☆☆

雄大な富士山を間近に望む河口湖畔の山

河口湖の湖畔にそびえる天上山。左右に裾野を広げる富士山の姿を間近に眺められる絶景の山として人気が高い。山頂直下までロープウェイが通じ、頂上の富士見台駅には展望台や「絶景やぐら」「絶景ブランコ」などがあり、多くの観光客でにぎわっている。

湖畔から山頂へ向かう登山道があり、静かな山歩きが楽しめる。道中のナカバ平は富士山の眺望がよく、ベンチもあるのでひと息つくのが心地よい。山頂に近づくと樹林越しに河口湖も眺められるようになる。天上山の山頂は、富士見台駅からさらに15分ほど山道を登った先で、小御嶽神社の小さな祠が立つ。

（文・写真／西野淑子）

山行アドバイス

● **登山適期**／絶景自慢の山だけに、空気が澄み、広葉樹が葉を落として見晴らしがよくなる晩秋から冬がおすすめ。天上山護国神社からナカバ平にかけての斜面にはアジサイが植栽され、見頃は7月中旬〜8月上旬。

● **注意点**／天上山護国神社からナカバ平までの登山道は、よく整備されているものの、丸太の階段まじりで急。息を整えて進もう。

● **プランニング**／健脚の人なら、天上山から府戸尾根経由で「28三ツ峠山」（P66〜67）をめざせば、充実したルートに。霜山から「29新倉山」（P68〜69）に向かうのも一案。

↑絶景やぐら付近から望む富士山。裾野を広げた姿が美しい
↓ロープウェイ富士見台駅付近から河口湖を望む

↑富士山のビューポイント、ナカバ平。ベンチもある

立ち寄りスポット

鉄鍋で供される
具だくさんのほうとう

山梨県を代表する郷土料理。小麦粉の平打ち麺を、たっぷりの野菜や肉と共に味噌仕立ての汁で煮込んだもの。県内の飲食店ではほうとうを提供する店が多く、河口湖湖畔の食堂でも味わえる。河口湖駅前には専門店「ほうとう不動」がある。

西武池袋線 | 飯能駅

Course 31

飯能アルプス①
天覧山〜多峯主山〜天覚山

上級 ★★★

市街地に近い展望の山からめざすご当地アルプス

　飯能市街地の西側にある天覧山は、明治天皇が演習の際に登り、山頂からの景色を称賛したことからその名が付いた山だ。

　そこから約1時間で着く多峯主山の頂上は広く、都心方面や富士山の山頂部を見渡す。

　多峯主山から南西に延びる尾根を進むと、立ち木に「はんのうアルプス」と記されている。この飯能アルプスとは、天覧山から奥武蔵の伊豆ヶ岳まで連なる山々に対して名づけられた愛称だ。

　コースは何度か車道を横断するものの、長く続く人工林の中を歩く。天覧山を起点とした場合は天覚山を区切りとして、東吾野駅へ下山するといい。（文・写真／木元康晴）

山行アドバイス

●**登山適期**／一年を通じて登れる。新緑は4月中旬〜5月上旬、紅葉は11月下旬〜12月上旬。人工林に覆われた日陰を歩く区間が多く、夏でも比較的涼しい。冬も登りやすいが、部分的な凍結箇所には注意。

●**注意点**／天覧山からの尾根道コースは、尾根の分岐が多く下山時は道がわかりにくい。道が明瞭な沢筋コースを下ろう。

●**サブルート**／多峯主山の前後、久須美坂、東峠で、コース北側を通る西武池袋線の各駅へ下山できる。天覚山から「34飯能アルプス②」（P80〜81）につなげることも可能だ。

↑1883年に明治天皇が登ったことが山名の由来の天覧山
↓植林の区間には標識が多数設置されている

↑多峯主山頂上は展望がよく、西側には奥武蔵の山並みが広がる

立ち寄りスポット

西川材のアンテナショップ 雑貨＆カフェ Kinoca

東吾野駅前から東吾野橋を渡った先にあるカフェと雑貨のお店。周辺が産地の優良な木材「西川材」を使った小物類を販売するほか、カフェではコーヒーやケーキなども味わえる。

埼玉県飯能市虎秀36-4
☎042-978-8814

| 西武池袋線 | 武蔵横手駅 |

Course 32 物見山〜日和田山

中級 ★★☆

秋はヒガンバナの群落も楽しみ、展望の低山

埼玉県日高市の日和田山は、学校の遠足でも歩かれている地元の愛され山。昔からクライミングの岩場としても知られ、南側斜面の中腹には男岩・女岩がある。

武蔵横手駅から物見山、高指山、日和田山とつないで高麗駅に向かう縦走路は、ところどころで奥多摩や丹沢方面の山々を望む展望が楽しめるルート。展望登山のフィナーレは日和田山直下の金刀比羅神社の社殿前。眼下には、高麗川の蛇行によってつくり出された巾着田が見渡せる。目の前に広がるのは丹沢から奥多摩の山々。天気に恵まれれば頭をのぞかせている富士山も眺められるだろう。

（文／西野淑子　写真／髙橋郁子）

山行アドバイス

● **登山適期**／巾着田はヒガンバナ（曼珠沙華）の群生地。例年の花の見頃は9月中旬〜下旬で、時期に合わせて「曼珠沙華まつり」が開催されている。また、埼玉県日高市はクリの名産地で、9月には登山口に向かう道沿いにクリの無人販売所も点在する。

● **注意点**／日和田山周辺は登山道に岩が露出しているところがあり、歩行に注意を。金刀比羅神社から男坂・女坂に分岐するが、女坂は緩やかな巻き道、男坂は岩稜の急斜面。歩行時間は大差がないが、下山ルートに使う場合は、女坂を通過するのが無難。

↑真っ赤なヒガンバナが林床を埋める秋の巾着田
↓金刀比羅神社の前は巾着田を望む絶景ポイント

↑高指山からは大岳山、御前山など奥多摩の山々が一望

 立ち寄りスポット

巾着田曼珠沙華まつり

ヒガンバナの見頃に合わせて開催。高麗川の川沿いを500万本ものヒガンバナが彩り、イベント会場ではご当地グルメの高麗鍋やクリ製品、狭山茶など地元特産品の売店が出てにぎわう。

日高市産業振興課
☎042-989-2111

Course 33 ユガテ〜顔振峠

西武池袋線 | 東吾野駅

中級 ★★☆

花木が彩る春に訪れたい山上集落巡り

奥武蔵の山村は、春になると民家の庭先がサクラやツツジなどの花木で彩られて美しい。なかでも東吾野の山中に位置する山上集落・ユガテは、小さな田畑の周辺を花木が彩り、まるで桃源郷の趣。東吾野駅から川沿いの道もサクラやハナモモが咲き乱れる。

ユガテから顔振峠へ向かう縦走路は「吾野アルプス」の別名をもつ。展望はなく雑木林のアップダウンが続く。顔振峠は源義経一行が奥州に逃げ延びる際に通ったという伝説があり、地名の由来は景色のよさに義経が何度も振り返ったからという説と、急な登りに弁慶がアゴを振り振り登ったからという説がある。

（文／西野淑子　写真／高橋郁子）

山行アドバイス

- **登山適期**／ユガテや顔振峠周辺、山麓のサクラやミツバツツジなどの花木と草花は、3月下旬〜4月中旬が最盛期。芽吹き始めの山々を濃淡のピンクが彩る。
- **注意点**／ユガテは住民の生活の場。散策路以外の場所には、勝手に立ち入らないこと。
- **サブルート**／福徳寺から橋本山を経由してユガテに向かう「古道飛脚道」は、小ピークが連続して歩き応えのある道。
- **プランニング**／脚力と時間に余裕があれば、エビガ坂からスカリ山の往復を。天気に恵まれれば北側に上州や日光方面の山々を望む。

↑4月上旬、サクラなどの花木で彩られるユガテ
↓顔振峠からの下り道、集落を花木や草花が彩る

↑顔振峠からは奥多摩方面の山々が見渡せる

立ち寄りスポット

眺望絶佳、顔振峠の老舗茶屋
平九郎茶屋

奥武蔵グリーンライン沿い、顔振峠に立つ老舗の茶店。窓際から眺める奥武蔵の眺望がすばらしく、登山者やライダー、観光客でにぎわう。風味のよいそば、季節の素材の天ぷらなどが人気。
埼玉県飯能市長沢1562
☎042-978-1525

西武池袋線　東吾野駅

Course 34

飯能アルプス②
天覚山～大高山～子ノ権現

上級 ★★★

広大な植林の中に続く、アップダウンの多い縦走路

「西川材」と呼ばれる木材の産地になっている飯能市西部の山々には、スギやヒノキの林業地が広がる。天覚山の周辺もその一部で、植林に覆われて展望が乏しく、訪れる人は少ない静かなコースだった。

しかし、天覧山から伊豆ヶ岳に続く稜線が「飯能アルプス」と呼ばれるようになり、さらに漫画『ヤマノススメ』で、この天覚山から子ノ権現までの縦走コースが取り上げられてからは、一気に認知度が高まった。

登山道は単調ながらも、アップダウンは多い。また進路がわかりにくい分岐もあってルートファインディングも必要な、やや手ごわいコースだ。

（文・写真／木元康晴）

山行アドバイス

●**登山適期**／一年を通じて登れる。新緑は4月中旬～5月上旬、紅葉は11月下旬～12月上旬。人工林に覆われた日陰を歩く区間が多く、夏も比較的涼しい。冬も登りやすいが、部分的な凍結箇所には注意。

●**注意点**／天覚山登山口から子ノ権現まで単調な道が続く。コース外の枝尾根に向かう踏み跡も多く、道を間違えると気づきにくい。スマートフォンの地図アプリも活用しよう。

●**サブルート**／東吾野駅から天覚山と大高山を登り、吾野駅へ下るコースもよく歩かれている。子ノ権現から吾野駅に下ることもできる。

↑ベンチが設置された広い天覚山の頂上
↓子ノ権現のシンボルとされる日本一の鉄わらじ

↑植林の中ではひと際目立つ大岩

 立ち寄りスポット

大きなものが奉納されている
子ノ権現

後半で参拝する子ノ権現は、足腰の守護にご利益があるお寺。奉納されているわらじや下駄、ハイヒールなどどれも大きいが、足だけでなく、手のご利益を求めた芸術家が奉納した巨大な手まで、敷地内に置かれている。

埼玉県飯能市大字南461

西武秩父線 | 西吾野駅

Course 35 | 関八州見晴台（かんはっしゅうみはらしだい）

上級 ★★★

関東一円を望む絶景とヤマツツジの群落

関八州とは江戸時代の関東八カ国（武蔵・相模・上野・下野・上総・下総・安房・常陸）のこと。「関八州見晴台」は、現在も関東一円のすばらしい眺望で登山者を魅了する。東から南、西側の眺めがよく、都心のビル群や丹沢山塊、武甲山など奥武蔵の山々、空気のよく澄んだ日には富士山も見渡せる。

5月上旬には丸山から関八州見晴台周辺がヤマツツジに彩られ、朱色のトンネルの中を心地よく歩くことができるだろう。

大滝、不動滝、白滝の不動三滝は高山不動尊の行場のひとつであった。水量は多くないものの、荘厳な雰囲気を醸し出している。

（文／西野淑子　写真／高橋郁子）

山行アドバイス

● **登山適期**／関八州見晴台周辺のヤマツツジの見頃は4月下旬〜5月上旬。鮮やかな朱色の花と新緑のコントラストが見応え充分だ。高山不動尊のイチョウの黄葉は11月中旬〜下旬が見頃だが、その年の気候により大きく時季が前後する。

● **注意点**／不動三滝は、いずれも滝へ向かう道の足場があまりよくなく、険しい。特に不動滝へは短時間とはいえ、かなり急な斜面が続くので充分に注意を。滝へ向かう道標は多くつけられているが、分岐が細かいので、方向をよく確認して進むようにしたい。

↑関八州見晴台から南方向、大山など丹沢の山々が見渡せる
↓5月上旬は山頂一帯がヤマツツジに彩られる

↑あずまややベンチがある関八州見晴台

立ち寄りスポット

樹齢800年のイチョウがそびえる 高山不動尊

千葉の成田不動、東京の高幡不動と並ぶ、関東三大不動のひとつ。風格ある不動堂が目を引く。入り口にそびえる樹齢800年といわれるイチョウの大木は「子育てイチョウ」と呼ばれている。

埼玉県飯能市高山346

西武秩父線 | 正丸駅

Course 36

飯能アルプス③
伊豆ヶ岳～高畑山～子ノ権現

上級 ★★★

駅から登る山の定番とされてきた奥武蔵の名低山

素朴な佇まいの大蔵山集落を通り抜けて広い伊豆ヶ岳山頂に立ち、子ノ権現に向けて連続するピークを次々と越えていくこのコースは、駅からすぐに登れる山の定番として、多くの登山者に親しまれてきた。

古くから登られている山であり、ここでは正丸駅を起点とする一般的な登り方を取り上げたが、飯能アルプスとして登るのならば子ノ権現から最も標高が高い伊豆ヶ岳へ向かうことになる。その場合は登りが多くなるため、コースタイムは約6時間35分と長くなる。

伊豆ヶ岳は、天覧山を起点とした飯能アルプス①②③のコース全体の最高峰でもある。

（文・写真／木元康晴）

山行アドバイス

● **登山適期**／一年を通じて登れる。新緑は4月下旬～5月中旬、紅葉は11月中旬～12月上旬。特に11月下旬の山頂部の紅葉は見事。冬も登りやすいが、部分的な凍結箇所には注意。

● **注意点**／男坂には多くの登山者に登られてきた爽快な鎖場があったが、落石の危険があり通行自粛となっている。女坂は崩落のため閉鎖された。男坂・女坂の中間に登山道が設置されたので、そこから山頂へ向かう。

● **サブルート**／大蔵山集落の馬頭尊から左へ進み、実谷の二俣から大蔵山、または五輪山に向かうコースもよく歩かれている。

↑樹林に囲まれた伊豆ヶ岳の頂上

↑コースの大部分は樹林の中の歩きやすい尾根道になっている

↓子ノ権現手前の展望地から見た伊豆ヶ岳（右）と古御岳（左）

立ち寄りスポット

日露戦争の遺物を展示する 東郷公園

吾野駅に近い、芳延橋の手前にある大きな公園。日露戦争時の日本海海戦を勝利に導いた、東郷平八郎元帥の銅像が立ち、戦艦三笠の甲板の一部などを展示する。この銅像付近にはモミジが多く、11月下旬には見事な紅葉が楽しめる。

西武秩父線 | 芦ヶ久保駅

Course 37

日向山〜丸山

上級 ★★★

奥武蔵屈指の絶景、春は花木のお花見が楽しみ

丸山は奥武蔵屈指の絶景の山。標高1000mに満たない低山だが、展望台の頂上に立てば、北側に浅間山や赤城山など上州の山々や日光連山の姿を望む。西側には両神山、さらに八ヶ岳まで見渡せる。山頂にある解説の写真パネルを見ながらの山座同定が楽しい。

丸山と尾根続きの日向山もまた、武甲山や横瀬二子山など奥武蔵の山々の展望がよい。春は日向山周辺の稜線にサクラが咲き、花越しの武甲山が雄大だ。芦ヶ久保駅を起点に日向山から丸山へ周回する展望の山旅の隠れ絶景ポイントは、パラグライダー滑空場。北東方向の眺めがよく、外秩父の山々の連なりがのどかだ。　（文／西野淑子　写真／高橋郁子）

山行アドバイス

● **登山適期**／日向山山頂周辺のサクラは4月上旬〜中旬が見頃。サクラ以外にもツツジ類やフジなどが咲き、5月上旬まで花木が楽しめる。眺望を楽しむなら晩秋から冬。丸山山頂からは、雪をかぶった日光連山や上州の山々が青空に映える。

● **注意点**／大野峠から先の登山道はうっそうと茂る針葉樹林で、日が陰ると薄暗い。特に冬は早めスタート、早め下山を心がけたい。

● **プランニング**／芦ヶ久保駅周辺には農園が集まった果樹公園村があり、イチゴやブドウなど季節のフルーツ狩りが楽しめる。

↑木道がしつらえられてのどかな雰囲気の農村公園
↓丸山山頂からの眺め。両神山の左に雪をかぶった山塊は八ヶ岳

↑日向山付近は展望がよく、サクラなどの花木も多い

 立ち寄りスポット

盆地の寒冷な気候の恵み あしがくぼの氷柱

横瀬二子山の山麓、高さ30m、幅200mにわたる氷柱の壁。美しい氷の造形を間近に眺めながら散策ができる、冬の風物詩だ。氷が発達し、見頃になるのは1月下旬〜2月上旬。
横瀬町観光協会
☎0494-25-0450

西武秩父線 | 芦ヶ久保駅

Course 38

横瀬二子山
よこぜふたご

中級 ★★☆

沢から登って尾根を下る、急登区間も現われる双耳峰

　秩父市方面から東側を見ると、小さな山頂がふたつ並んだ山が目に入る。これが二子山で、群馬県境に近い二子山と区別するために、横瀬町の山であることから「横瀬二子山」と呼ばれている。南側の武川岳と結んだ縦走の途中に登られることが多いが、西武秩父線の芦ヶ久保駅を起点とした登山道も2本あり、周回することもできる。コースは全般に急峻で、思いのほか手応えのある山登りが楽しめる。

　登りの兵ノ沢コースには、登山のアドバイスを記した「学習登山コース」の看板が8枚立っている。初心者だけでなく、基本を忘れがちな経験者にも役立つ内容なので、チェックしながら登ろう。
　　　　　　　　　　　　（文・写真／木元康晴）

山行アドバイス

●**登山適期**／一年を通じて登れるが、12月中旬〜4月ごろは、あしがくぼの氷柱形成のため冨士浅間神社コースは通行止めとなる。その間は兵ノ沢コースから往復するが、雌岳直下の急斜面では、部分的な凍結に充分注意しよう。新緑は4月下旬〜5月中旬、紅葉は11月中旬〜下旬。夏の暑い日も兵ノ沢の沢沿いは涼しくて、比較的登りやすい。

●**注意点**／雌岳の手前、ロープ伝いの急な登りが続く。落石にも注意しよう。雌岳の南側斜面は滑りやすい岩場となっている。東側から迂回することもできる。

↑小滝が多い兵ノ沢の流れ

↑雌岳直下はロープをつかんで登る急登が続く

↓雄岳頂上のやや先にある展望地から見た武甲山

立ち寄りスポット

直売所などが充実する道の駅 果樹公園あしがくぼ

芦ヶ久保駅前にある、地元の野菜や果物の直売所に、カフェや食堂が併設された施設。新鮮な野菜や果物を購入できるほか、秩父名物を味わえる。下山後にぜひ。

埼玉県秩父郡横瀬町大字芦ヶ久保1915-6
☎0494-21-0299

東武越生線／JR八高線　越生駅

Course 39

大高取山（おおたかとり）

初級 ★☆☆

山麓のお花見も楽しい展望の里山

　越生梅林で知られる埼玉県越生町は、自然や歴史を楽しめるハイキングの町としても人気を集めている。町の中央にある大高取山は山頂からの見晴らしがよく、東側には都心のビル群や筑波山が見渡せ、西側は越上山から顔振峠の稜線（越生アルプス）が眺められる。

　越生駅を起点に西山高取、大高取山、桂木観音をたどる反時計回りの周回コースは、世界無名戦士の墓や西山高取など展望ポイントをつないで歩くのが楽しく、桂木観音展望台も関東平野の眺めがよい。虚空蔵尊から越生駅に向かう道中は心地よい里山歩きで、早春は点在する小さな梅林が彩りを添えてくれるだろう。

（文・写真／西野淑子）

山行アドバイス

● 登山適期／さくらの山公園から世界無名戦士の墓周辺のサクラは3月下旬〜4月上旬が見頃。越生梅林の観光と組み合わせるなら2月。冬は空気が澄み、西山高取や大高取山などの展望ポイントでの眺めもよい。

● 注意点／桂木観音から先は分岐が多く、迷いやすい分岐には道標がついている。その都度、地図と照合して進む方向を確認しよう。

● プランニング／五大尊つつじ公園の観光と組み合わせてもよい。越生駅から徒歩20分。花の見頃は4月下旬〜5月上旬、1万株以上のツツジが山の斜面を彩る。

↑関東平野が一望の西山高取山頂
↓古くから地元の人々の信仰を集める桂木観音の観音堂

↑大高取山からは越生アルプスの山並みが見渡せる

立ち寄りスポット

関東屈指のウメの名所　越生梅林

水戸偕楽園、熱海梅園と並ぶ関東三大梅林のひとつ。2haの園内に約1000本ものウメが植栽され、見頃となる2月中旬〜3月中旬には紅白のウメが咲く。越生駅から徒歩約1時間。

越生町観光協会
☎049-292-1451

Course 40

東武東上線／JR八高線 ｜ 小川町駅

小川町アルプス
仙元山〜大日山〜大平山

上級 ★★★

戦国時代の城跡をつないで歩く静かな縦走路

小川町駅の南側に位置する仙元山。中腹に仙元山見晴らしの丘公園が広がり、地元の人たちに親しまれている山だ。仙元山から大日山、物見山と尾根伝いに歩くハイキングコースは適度にアップダウンが続き、「小川町アルプス」と名づけたい縦走路。道中には青山城跡と小倉城跡、ふたつの山城跡がある。いずれも築城時期は不明だが、地形を生かしてつくられた城で、小倉城跡は点在する解説板で往時の様子を知ることができる。

小倉城跡からは槻川を渡り、嵐山町の最高峰である大平山へ足を延ばしてみよう。山頂からは東方面の眺めがよく、関東平野を一望に見渡せる。

（文・写真／西野淑子）

山行アドバイス

● **登山適期**／青山城跡〜大日山、大平山のヤマツツジの群生地の見頃は4月下旬〜5月上旬。仙元山山麓のカタクリとオオムラサキの林のカタクリは3月下旬〜4月上旬が見頃。

● **サブルート**／仙元山から仙元山見晴らしの丘公園経由で小川町駅へ。仙元山見晴らしの丘公園の展望台からは、筑波山や日光男体山、赤城山などが一望のもと。下山後、カタクリとオオムラサキの林に立ち寄るのもよい。

● **プランニング**／嵐山渓谷は県内屈指の紅葉の名所。槻川に映り込む紅葉が美しい。見頃は11月下旬〜12月上旬。

↑仙元山から北方面を望む
↓木々に覆われた大日山の山頂

↑広場に石碑が並ぶ百庚申

 立ち寄りスポット

嵐山町ステーションプラザ 嵐なび

武蔵嵐山駅西口にある観光案内施設。観光案内所のほか、嵐山町の特産品や地元の店の商品をお土産に求めることができる。町のマスコットキャラクター「むさし嵐丸」のグッズも販売。

埼玉県比企郡嵐山町菅谷100-4
☎0493-62-8730

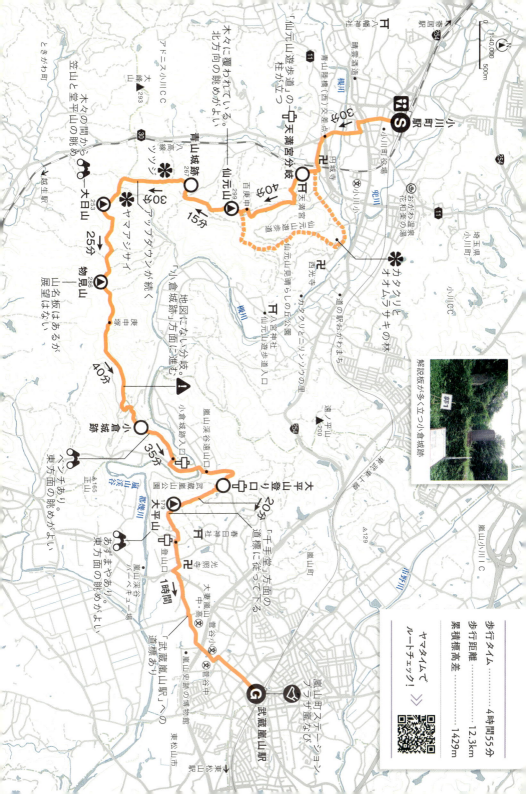

東武東上線 | 東武竹沢駅

Course 41 | 官ノ倉山（かんのくら）

初級 ★☆☆

山歩きの魅力を凝縮、変化に富んだ里山歩き

　和紙の里として知られる埼玉県小川町にそびえる官ノ倉山。すぐ隣に位置する石尊山へ縦走するハイキングコースは、短時間で里山の雰囲気を満喫できる。

　日・月・星を祀る三光神社でお参りをして登山口へ。登山道に入ると一気に深山の趣となる。官ノ倉山の山頂は木々に覆われて見晴らしはいまひとつだが、隣の石尊山は北方向の眺めがよく、空気が澄んだ冬は浅間山や上州の山々を望むこともできる。官ノ倉山から石尊山直下は岩稜歩きもあり、ハイキングのよいアクセントとなっている。山麓の北向不動でお参りをしたら、山村風景を楽しみつつ小川町駅へ向かう。　　　（文・写真／西野淑子）

山行アドバイス

● **登山適期**／新緑は4月中旬〜5月上旬、紅葉は11月。標高が低く、真夏は暑くて不向き。山麓の八幡神社のサクラは3月下旬〜4月上旬に花の見頃を迎える。

● **注意点**／官ノ倉山直下から石尊山周辺は岩の露出した箇所を歩く場面があり、歩行注意。特に石尊山からの下り始め、急斜面の岩場には鎖がつけられている。慎重に進もう。

● **プランニング**／小川町は古くから和紙作りや絹織物などの伝統産業で栄えた町で、「武蔵の小京都」と呼ばれる。駅周辺には古い建物が点在し、町歩きも楽しみ。

↑御神木の大杉が本殿の前にそびえる三光神社
↓小さな祠が立つ、眺望がすばらしい石尊山

↑明るく開けた官ノ倉山の山頂。ベンチもある

立ち寄りスポット

自然の恵みで造り出す地酒　晴雲酒造

水質のよい地下水、地元周辺産の米を使った地酒を造り続けている老舗地酒蔵。酒造りの道具を展示した見学蔵を自由に見学できるほか、売店では仕込み水やお酒の試飲もできる。

埼玉県比企郡小川町大塚178-2
☎0493-72-0055

Course 42

秩父鉄道／東武東上線／JR八高線　寄居駅

鐘撞堂山（かねつきどう）

初級 ★☆☆

戦国時代に見張り場の役割を担った展望の山

　特徴的な山名は、この山が山麓の鉢形城の見張り場になっていたことに由来する。敵の襲来があったときには頂上の鐘撞堂で鐘をつき、異変を知らせたという。

　現在の山頂は東側の眺望が開け、関東平野から都心のビル群、筑波山が見渡せる。展望台はあるが、樹木が茂っていて展望台の下のほうが眺めがよい。山頂には鐘もあり、戦国時代に思いを馳せながら鐘を鳴らしてみよう。鐘撞堂山からは頂上に石仏が鎮座する羅漢山に向かい、少林寺に下る。小さな石仏が道沿いに並ぶ五百羅漢の道と、板碑が並ぶ千体荒神の道、どちらを選んでも歩行時間は変わらない。　　　（文／西野淑子　写真／高橋郁子）

山行アドバイス

● **登山適期**／展望を楽しむなら晩秋から冬。空気が澄んだ日はスカイツリー眺望処から、針のように細く東京スカイツリーが眺められるし、鐘撞堂山から都心のビル群も見渡せるだろう。円良田湖は湖畔にサクラが植栽されており、4月上旬は湖畔の散策も楽しみ。

● **注意点**／寄居駅から大正池まで、住宅街の分岐は進む方向がわかりにくいところがある。道標を見落とさないように進もう。

● **プランニング**／波久礼駅の北西方向にそびえる金尾山は、ヤマツツジの自生地。4月中旬～下旬に約1万本のツツジが咲く。

↑鐘撞堂山の山頂からは関東平野が一望
↓羅漢山山頂から五百羅漢の道を下る

↑のんびりと釣りを楽しむ人も多い円良田湖

立ち寄りスポット

風味豊かなうどんと季節の天ぷら
手打ちうどん とき

埼玉の地粉を使って打つ手打ちうどんは、小麦の風味が豊かでのどごしがよい。具だくさんでうまみたっぷりの汁で味わう肉汁うどんが人気。季節の野菜の天ぷらとともに味わいたい。

埼玉県大里郡寄居町末野79
☎080-8733-4438

Course 43 長瀞アルプス
野上峠～宝登山

秩父鉄道 ｜ 野上駅

初級 ★☆☆

ロウバイやウメが咲き匂う、早春のお花見山

　秩父鉄道野上駅から、埼玉県長瀞町と皆野町の境にそびえる宝登山に向かう尾根道は「長瀞アルプス」と呼ばれている。アルプスと呼ぶのがためらわれるようなたおやかな尾根だが、適度に起伏があり、木々が葉を落とす晩秋から冬にかけては左右に低い山々が連なっているのが眺められ、やわらかな陽光を浴びる日だまりの稜線散歩が心地よい。

　宝登山の山頂はろうばい園、梅百花園が整備され、早春には金色に輝くロウバイの群落の向こうに武甲山の三角形の山容を望むことができる。昭和レトロなロープウェイで下ったら、きらびやかな社殿の宝登山神社でお参りを。

（文／西野淑子　写真／高橋郁子）

── 山行アドバイス ──

●**登山適期**／宝登山の山頂一帯のろうばい園は1月中旬～2月上旬、梅百花園は2月上旬～3月上旬が見頃。2月にはフクジュソウやマンサクなどの花も見られる。4月は長瀞駅周辺のサクラ並木が美しい。宝登山神社から長瀞駅に向かう道中も、道の両脇にサクラが咲く。

●**サブルート**／ロープウェイを使わず、歩いて下山もできる。宝登山頂駅から宝登山神社まで約1時間、未舗装の林道で歩きやすい。

●**プランニング**／下山後は秩父鉄道の線路を渡り、長瀞岩畳まで足を延ばすとよい。時間が許せば長瀞ライン下りを楽しんでも。

↑宝登山山頂。咲き乱れるロウバイの向こうに武甲山を望む
↓宝登山の麓に立つ、荘厳な社殿の宝登山神社

↑昭和レトロな雰囲気の宝登山ロープウェイ

立ち寄りスポット

長瀞名物、天然氷のかき氷
阿左美冷蔵 寶登山道店

盆地の気候で夏は暑く、冬は寒さが厳しい長瀞は良質の天然氷の産地でもある。キメが細かい天然氷のかき氷が一年を通じて味わえる。季節の素材を取り入れた自家製シロップが美味。

埼玉県秩父郡長瀞町長瀞781-4　☎0494-66-1885

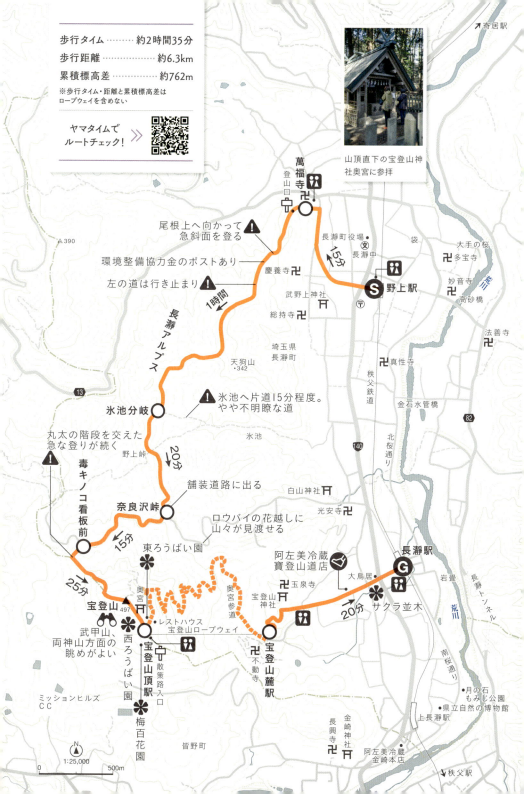

秩父鉄道 | 親鼻駅

Course 44 | 蓑山（みの）

初級 ★☆☆

春は満開のサクラが彩る「関東の吉野山」

山頂一帯が「美の山公園」として整備されている蓑山。花の名所として人気が高く、なかでも見どころはサクラ。山頂一帯のソメイヨシノ、花の森のシダレザクラやヤエザクラなど品種の数が多く、見頃の時期も長い。

山頂からの展望がすばらしく、コンクリート造りの山頂展望台からは武甲山と両神山を一望でき、東展望台からは奥武蔵や外秩父の山々が低く連なる様子が眺められる。

山頂まで舗装道路が通っているが、秩父鉄道親鼻駅から山頂に至り、和銅黒谷駅に下るハイキングコースは明るい雑木林が心地よい。春は足元に咲くさまざまな草花も楽しみだ。

（文／西野淑子　写真／高橋郁子）

山行アドバイス

● **登山適期**／蓑山山頂、美の山公園は春から夏にかけてさまざまな花が園内を彩る。4月はサクラ（ソメイヨシノ、ヤマザクラ、ヤエザクラ）、4月下旬～5月上旬はヤマツツジ、6月下旬～7月上旬はアジサイが見頃となる。

● **サブルート**／親鼻駅から徒歩5分ほどで仙元山コースと関東ふれあいの道に分岐する。関東ふれあいの道は、樹林に覆われた尾根沿いの歩きやすい道。どちらも所要時間は同じ。

● **プランニング**／和銅黒谷駅近くには「銭神様」として親しまれる聖神社が立ち、開運祈願や宝くじ当選祈願に多くの人が参拝する。

↑ヤエザクラなど多くの種類のサクラが植栽された花の森
↓コンクリート造りの山頂展望台からは武甲山や両神山が見渡せる

↑サクラの花越しに両神山を望むパノラマデッキ

立ち寄りスポット

秩父オリジナルの品種も
和銅ぶどう園

盆地の気候を生かした甘くおいしいぶどうをぶどう狩りや直売で楽しめる。例年ぶどう狩りができるのは8月上旬～9月中旬。それ以外の時期も地元食材のジェラートが味わえる売店が営業。

埼玉県秩父市黒谷320
☎0494-24-0250

秩父鉄道 | 皆野駅

Course 45

皆野アルプス
破風山〜札立峠〜大前山

上級 ★★★

岩稜も現われる展望が魅力のご当地アルプス

街の中心部を挟むように、低山が連なる秩父盆地北東部の皆野町。破風山は町の西側にある山で、姿が三角形をした屋根の破風に似ていることから、名がついたとされる。

山頂のすぐ西にある札立峠は、秩父札所三十四観音霊場の菊水寺と水潜寺を結ぶ道で、ほかにも登山道は多い。そのなかで最も充実した登山が楽しめるのが、前原尾根と関東ふれあいの道、それに如金峰コースを結んだ皆野アルプスコースだ。途中には短いながらも岩稜が現われ、山頂からは武甲山や両神山などの雄大な展望が広がる。猿岩や如金さまといった奇岩も点在して、変化に富んだ山歩きが楽しめる。

（文・写真／木元康晴）

山行アドバイス

● **登山適期**／一年を通じて登れる。新緑は4月中旬〜5月上旬、紅葉は11月中旬〜12月上旬。4月上旬は山頂付近の北側に、白いヒカゲツツジが咲く。ヤマツツジは4月中旬〜下旬ごろ。12〜3月の冬枯れの時期もよい。

● **注意点**／男体拝の手前と大前山の下りで、傾斜の強い岩場が現われる。難しい区間は短いので、三点支持で慎重に通過しよう。

● **サブルート**／山頂から山靴の道分岐に引き返し、満願の湯に向かうのもよい。鎖場を避けるなら、札立峠から水潜寺へ下ろう。天狗山を登らずに大前集落に下山することもできる。

←マツの木が並んで立つ破風山の頂上

↑大前山の先の急峻な鎖場を下る

立ち寄りスポット

日光華厳の滝に似た
秩父華厳ノ滝

下山後に利用する秩父華厳前バス停が滝の入り口になる。落差は12mで、本物の華厳の滝に比べるととても小さいが、赤みを帯びた岩肌を流れ落ちる姿は美しい。4月中旬にはミツバツツジ、12月上旬には紅葉が周囲を彩る。落ち口には大きな不動明王像が立つ。

秩父鉄道 | 影森駅

Course 46 | 琴平丘陵（ことひらきゅうりょう）

初級

山の古刹を巡り、シバザクラのお花畑へ

　武甲山の山麓に連なる、低くたおやかな丘陵地帯。秩父鉄道影森駅から羊山公園に至る尾根道は「琴平ハイキングコース」として整備されている。道中には秩父札所三十四観音霊場の大渕寺、円融寺の奥ノ院である岩井堂が立つ。緑に覆われた大岩に張りつくようにそびえる懸崖舞台造りの観音堂が圧巻。

　羊山公園は秩父市の東側に位置する広大な公園。シバザクラの名所として知られており、10品種40万株以上ものシバザクラがパッチワークのように園内を彩る様子は見応え充分だ。天気のよい日は、見晴らしの丘で秩父市街の眺めを満喫してから西武秩父駅をめざそう。

（文／西野淑子　写真／高橋郁子）

山行アドバイス

●**登山適期**／羊山公園の芝桜の丘は、例年4月上旬〜ゴールデンウィークの開園。開花状況は地元のHPで確認できる。羊山公園はサクラも見どころで、園内の見晴らしの丘や芝生広場で見ることができる。護国観音周辺のヤマツツジは5月上旬が見頃。

●**注意点**／琴平ハイキングコースは高低差は少ないが、岩が露出しているところがあり、通行注意。修験堂からの下りの階段はかなり傾斜が急なので慎重に。

●**プランニング**／秩父グルメの定番、わらじカツ丼。西武秩父駅周辺の飲食店で味わえる。

↑護国観音の前は北方向の眺望がよい。5月はヤマツツジも咲く
↓羊山公園の芝桜の丘は4月半ばから5月上旬が見頃

←懸崖舞台造りの観音堂が風情たっぷりの岩井堂

 立ち寄りスポット

**フードコートや売店も充実
西武秩父駅前温泉 祭の湯**

西武秩父駅に隣接する、秩父の祭をコンセプトにした複合型温泉施設。武甲山を望む露天風呂が快適。秩父の特産品がそろう売店や、ご当地グルメや地酒が味わえるフードコートも併設。

埼玉県秩父市野坂町1-16-15
☎0494-22-7111

Course 47 | 熊倉山（くまくら）

秩父鉄道 | 武州日野駅

上級 ★★★

苔むした渓谷から深い森を登り、静寂な山の頂上へ

全体が深い森に覆われた山で、奥秩父を思わせる深山幽谷の趣きを日帰りで感じとれる。しかし登山道はやや不明瞭で、地形は急峻だ。累積標高差も大きく、充分な準備をしてめざす必要がある上級者向けの山だ。

登りでたどる日野コースは、登山道に入ってすぐの苔むした寺沢川の流れが美しい。ただし道は判然とせず、慎重なルートファインディングが求められる。下山の城山コースは、岩場交じりのアップダウンが連続し、最後まで気を抜けない。

ひと気がなく、展望もない山頂にひっそりと立つ古ぼけた標識を見ると、深山へ来たことを実感させられる。　　　　（文・写真／木元康晴）

山行アドバイス

●**登山適期**／4月～12月。新緑は4月下旬～5月中旬、紅葉は10月下旬～11月中旬。また5月上旬ごろ、城山コース中間部の岩場では、数は多くないがイワウチワが咲く。

●**注意点**／以前から遭難の多い山として知られている。滑落などでケガをする例もあるが、行方不明者も多い。地形が険しいうえ樹林で視界が悪く、登山者も少ないので、登山道を外れると発見が難しいと思われる。気軽な日帰りハイキングとは考えず、多めの行動食に加え、ビバーク装備も持参すること。また、登山届も必ず提出するように。

↑登山道から三ツ又までは沢沿いの不明瞭な道を進む
↓下山時にたどる城山コースも不安定な岩場が続いて歩きにくい

↑深い樹林に覆われた熊倉山の頂上

 チェック！

古い私鉄車両が走る秩父鉄道

秩父鉄道は観光用の蒸気機関車を土日・祝日中心に運行するほか、貨物用の電気機関車やラッピング列車、複数の鉄道会社からの譲渡車両と、さまざまな車両が走る。鉄道ファンならずとも、どんな車両がやってくるのか観察するのは楽しい。

Course 48 秩父御岳山（ちちぶおんたけ）

秩父鉄道 ｜ 三峰口駅

上級 ★★★

木曽御嶽山の登拝路を開拓した行者のふるさとの山

　木曽御嶽山の登拝路で2番目に古い王滝口は、江戸時代後期、普寛行者によって開かれた。その普寛行者の出身地が、この山の南側山麓にあった旧大滝村で、「王滝」という名称は「大滝」に由来するとされる。やがてこの山も御嶽山として登られるようになったが、全国に数多い「御岳山」と区別するために、秩父御岳山と呼ばれている。

　登山口は秩父鉄道の終点である三峰口駅から近く、取り付きやすい。前半の長い樹林を抜けるとたどり着く、普寛神社奥宮が祀られている山頂は展望抜群だ。下山路には短いながらも岩稜が現われて、変化に富んだ山歩きが楽しめる。

（文・写真／木元康晴）

山行アドバイス

● **登山適期**／4月～11月。新緑は4月中旬～5月上旬、紅葉は11月中旬～下旬。日陰が多く、夏の暑い日も比較的登りやすい。

● **注意点**／尾根を巻いて進む箇所が点在し、やや道がわかりにくい所もある。標識をチェックしつつ慎重に進もう。下山後は、後石バス停から三峰口駅まで歩くことも可（約30分）。ただし交通量が多く、歩道は狭いので要注意。

● **プランニング**／大滝温泉遊湯館で日帰り入浴するならば、杉ノ峠、または山頂から西の肩経由で向かう。入浴後は、落合バス停からバスを利用して三峰口駅に戻れる。

↑一番高岩から見下ろした三峰口駅周辺の家並み
↓杉ノ峠に向かう道にはロープ伝いに岩場を下る区間もある

↑普寛神社奥宮が祀られる秩父御岳山の頂上

 チェック！

関東の駅百選に選ばれた 三峰口駅

「鉄道の日」（10月14日）を記念して、関東地方の特徴ある駅を選んだ「関東の駅百選」。秩父鉄道の終点となる、三峰口駅も選ばれている。駅舎は1930（昭和5）年開業当時のもので、懐かしさを感じる佇まいだ。

埼玉県秩父市荒川白久1625

JR内房線 | 浜金谷駅

Course 49 | 鋸山（のこぎり）

中級 ★★☆

石切場跡の絶景と海の眺望を楽しむ房総の名山

東京湾の浦賀水道の東側に、山名のとおり鋸歯のようなギザギザの稜線を連ねた山だ。その山容は遠くからもよく目立ち、古くは船乗りたちのよい目印にされていたという。

日本寺の境内が広がる稜線の南側は、ロープウェイも通じる観光地となっている。しかし北側には、江戸時代から昭和50年代まで続いた石切場の跡が残る。垂直に切られた壁のなかにつけられた登山道では、ほかの山にはない、独特の高度感を感じる場所が多い。

山頂は木立の中で展望は限られるが、東京湾を望む展望台からは、美しい海岸線の景色に加え、行き交う船や、西側にそびえる富士山まで見渡せる。　　　（文・写真／木元康晴）

山行アドバイス

● **登山適期**／10月〜6月。新緑は4月中旬〜5月上旬、紅葉は11月中旬〜12月上旬。空気が澄み渡る秋から冬にかけてがベストシーズン。

● **注意点**／石切りによって生じた断崖が多く、道に迷って転落した事故もある。標識を確認し、登山道を外さないようにしよう。またコース上には、石切りの歴史を記した案内板が多い。ここで紹介しきれない見どころも多いので、現地でチェックしつつ歩こう。

● **サブルート**／下で紹介した日本寺に立ち寄った場合は、観月台に引き返してもいいし、表参道からJR内房線保田駅へも歩ける。

↑東京湾を望む展望台からは美しい海岸線を見渡せる
↓観月台手前で振り返ると石切場が連なる様子が見える

↑猫丁場と呼ばれる石切場に彫られている猫

立ち寄りスポット

鋸山南面の広大な古刹・日本寺

鋸山の南側斜面に広大な境内をもつ寺で、薬師如来大仏や百尺観音、千五百羅漢など見どころが多い。圧巻は地獄のぞきで、宙に突き出た展望台から周囲を見渡せる。北口拝観受付所で拝観料を払って参拝しよう。

千葉県安房郡鋸南町鋸山

Course 50 富山〜伊予ヶ岳

JR内房線 | 岩井駅

上級 ★★★

東京湾の展望がすばらしい房総の名峰

　房総のマッターホルンと称される伊予ヶ岳と、曲亭馬琴の名作『南総里見八犬伝』ゆかりの富山。房総を代表するふたつの山は、いずれも東京湾を望む展望が自慢だ。山頂に立てば、房総半島の海岸線、対岸には三浦半島や富士山などが一望のもとに見渡せる。

　それぞれが独立峰ではあるが近いところにそびえているため、2山合わせて登る登山者が多い。伊予ヶ岳は山頂直下が急峻な岩場で、岩峰の頂上はスリル満点。富山はうっそうとした樹林歩きで、展望台のある北峰は芝生の広場だ。異なる個性をもつ山だが、山頂が北峰と南峰の双耳峰という共通点があるのもおもしろい。

（文・写真／西野淑子）

山行アドバイス

●**登山適期**／標高が低く、夏は暑いので、秋から春が登山に適している。夏はヤマビルが出る。富山山麓には「とみやま水仙遊歩道」があり、スイセンの見頃は1月中旬〜2月中旬。

●**注意点**／富山の伏姫ルートは、登山道の上部に崩落地あり。ロープやステップが設けられているが、足場の悪いところは通行注意。伊予ヶ岳山頂直下の岩場は、ロープや鎖などがつけられているが傾斜はかなり急。

●**サブルート**／富山は福満寺からのルートもある。比較的歩きやすい登山道で、岩井駅から山頂（南峰）まで約1時間50分。

↑伊予ヶ岳山頂から富山を望む
↓伊予ヶ岳の山頂直下は険しい岩場

↑富山北峰は展望台のある広場

立ち寄りスポット

道の駅 富楽里とみやま

高速道路と一般道路の双方で利用できる施設。地元の特産品やグルメがそろい、さんが焼き、鯨肉料理など南房総の郷土料理が味わえる店も。農産物や水産物の物品販売コーナーは品数豊富。
千葉県南房総市二部2211
☎0470-57-2601

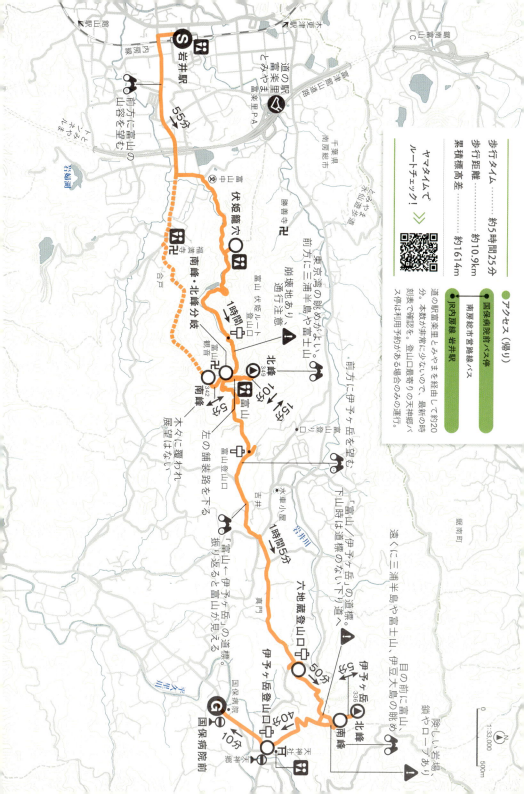

小湊鐵道 | 養老渓谷駅

Course 51 大福山（だいふく）

中級 ★★☆

新緑や紅葉が美しい浸食の進んだ渓谷を歩く

　千葉市に近い五井駅から、房総半島の奥へと続く小湊鉄道の養老渓谷駅から登る山で、山頂には白鳥神社が鎮座している。一帯は照葉樹に覆われて展望は限られるが、木々が葉を落とした冬は樹間から都心方面を望める。

　山頂以上にこのコースの魅力とされるのが、南東側を流れる梅ヶ瀬渓谷の景観だ。険しい浸食崖に挟まれた、平坦な谷底に続く登山道はまるで迷路を進むようだ。途中、何度か水流を横切る箇所はあるが、登山適期の秋から春にかけては水量が少なく、難なく歩けることがほとんどだ。最奥部の明治時代の日高邸跡は、特にモミジが多い紅葉の名所として知られる。

（文・写真／木元康晴）

山行アドバイス

● **登山適期**／10月〜5月。新緑は4月中旬〜下旬、紅葉は11月下旬〜12月中旬。2月は日高邸跡でウメの花が咲く。沢筋の凍結箇所に注意すれば、ツララが見られる厳冬期もよい。

● **注意点**／2023年9月の台風の影響で、倒木や崩落が生じた箇所がある。コースは復旧しているが、通行時は注意しよう。6月以降の気温の高い日は、ヤマビルが活動するので登山は見合わせたほうが無難だ。

● **サブルート**／月崎駅分岐から小湊鐵道の上総大久保駅まで、のどかな林道を歩いていくこともできる（約1時間）。

↑水量の少ない梅ヶ瀬渓谷の中を進む
↓樹林の中の大福山の頂上に祀られた白鳥神社

↑梅ヶ瀬渓谷に点在する「川廻し」の素掘りトンネル

 チェック！

厳冬期の冷えた日に生じるツララ

梅ヶ瀬渓谷の右岸側には水の染み出る岩壁が点在するが、1月下旬ごろ、そこにはツララが発生する。滝が凍った氷瀑とは異なり、壁一面を細かいツララが覆う独特の景観だ。市原市の最低気温が、氷点下となる日が2〜3日続いたときが見頃だ。

京急本線 | 京急田浦駅

Course 52

鷹取山（たかとり）

初級 ★☆☆

市街地にそびえる石切りでできた岩壁の山

　神奈川県の三浦丘陵は地形は複雑だが、宅地開発が進んでいる。この鷹取山も南側は自然林が残るものの、北側には住宅地が迫り、山頂直下は公園となっている。

　この山の地質は建築用材に適した凝灰岩だったため、昭和初期まで採石されていた。削られたあとの山容が群馬県の妙義山に似ていることから、「湘南妙義」の別称もある。

　石切りで生じた垂直の壁面は、昭和30年代からロッククライミングの練習場として活用されるようになり、今も取り付くクライマーは多い。また、山頂から離れた奥まった一角には、昭和40年ごろにつくられた大きな弥勒菩薩磨崖仏がある。

（文・写真／木元康晴）

山行アドバイス

●**登山適期**／一年を通じて登れる。登りやすいのは気温が低い10月〜4月ごろ。山頂付近は日当たりがよく、冬の日だまりハイキングにも最適。3月下旬〜4月上旬ごろは、弥勒菩薩磨崖仏の一帯でサクラが咲いて見事。

●**注意点**／岩は脆く、崩落する危険性があるため不用意に壁面に近づかないこと。クライマーが登っているときは落石にも注意。

●**サブルート**／神武寺からは沼間参道も下れる。またふたつある鷹取山公園入口のどちらからも、京急本線追浜駅へ行くことができるが、住宅地を通るため道はわかりにくい。

↑浜見台分岐の先から住宅地を隔てて望む鷹取山
↓鷹取山公園広場から見上げた展望台が立つ鷹取山頂上

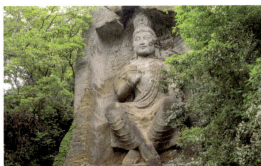
↑石材の採取跡につくられた弥勒菩薩磨崖仏

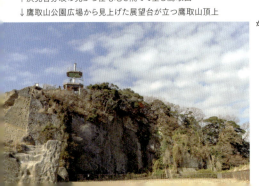

 立ち寄りスポット

裏登山道の鷹取山仏像壁画群

トイレ前から鷹取山公園入口に向けて下って行くと、左の小さな花壇の先に道が続く。その奥の石切場の壁面には、黄色や赤で彩られた独特の趣きがある磨崖仏が並ぶ。磨崖仏を探しつつ奥へ進み、急斜面を登れば山頂直下の道に合流する。

Course 53 三浦富士〜武山

京急久里浜線 | 京急長沢駅

初級 ★☆☆

個性豊かな3つの低山をのんびり縦走

三浦半島南部に位置する三浦富士は、標高200mに満たないにもかかわらず、相模湾の眺めがすばらしい山。昭和初期に海軍によってつくられた砲台の跡が残る砲台山、山頂の一角に武山不動院がある武山とつないで歩くハイキングコースは、海の眺めを楽しみつつ、照葉樹の森を歩く心地よい縦走路だ。駅からすぐに登山口にたどり着けるアクセスのよさも魅力。このルートで唯一、富士山が眺められるのは三浦富士の山頂だ。

武山から登山口に向かい、冬はキャベツや大根の畑の中を津久井浜駅をめざすが、左手を望めば歩いてきた山並みが見渡せて気持ちがいい。

（文・写真／西野淑子）

山行アドバイス

● **登山適期**／空気が澄んで眺望が楽しめる晩秋から春がおすすめ。津久井浜観光農園の案内所で、早春キャベツや大根が店頭に並ぶのは12月〜3月。武山不動院のツツジは4月中旬〜5月上旬が見頃。標高が低く真夏は不向き。

● **注意点**／三浦富士の山頂直下に、岩や木の根が露出してやや急な斜面がある。鎖やロープが付けられているが、上部は足場が悪いので慎重に進もう。ハイキングコースは分岐が多く、必ず道標で進む方向の確認を。

● **プランニング**／ハイキング後に津久井浜観光農園で味覚狩りを楽しんで帰るのもよい。

↑武山山頂展望台から横浜方面を望む

↓津久井浜観光農園付近から歩いてきた稜線を眺める

↑津久井浜駅に向かう道中にはキャベツや大根の畑が広がる

立ち寄りスポット

旬の地場野菜をお土産に 津久井浜観光農園

みかん狩りやいちご狩りなどの味覚狩りができる観光農園。味覚狩りの受付をする案内所では、地元農家による野菜や果物、農産物加工品を販売。冬は三浦大根やキャベツなどが並ぶ。

神奈川県横須賀市津久井5-15-20
☎046-849-5001

すり鉢状の砲台跡が残る
砲台山の山頂

歩行タイム ……… 約2時間35分
歩行距離 ……………… 約6.8km
累積標高差 …………… 約884m

ヤマタイムで
ルートチェック！

展望台の頂上は360度の展望
ツツジ
武山 200
武山不動院
25分
昭和初期につくられた砲台跡あり
砲台山 204
見晴台
35分
相模湾の眺め。富士山が見える
三浦富士 183
岩と木の根が露出した急斜面
相模湾方面、三浦半島が見渡せる
神奈川県横須賀市
30分
武山登山口
三浦富士から武山への稜線が見渡せる
円乗院
津久井浜観光農園案内所
40分
マテバシイの純林
オレンジ色の道標に従って左折
三浦富士登山口
津久井小
小さな道標あり。階段を上る
京急長沢駅 S
京急久里浜駅
25分
川沿いの遊歩道を進む
津久井浜川
京浜久里浜線
津久井浜高
津久井浜駅 G
三浦市
金田湾
三崎口駅

1:20,000
0　　200m
N

Course 54 小網代（こあじろ）の森

京急久里浜線 ｜ 三崎口駅

初級 ★☆☆

源流の森から絶景スポットへ向かうシーサイドコース

国道134号から下ってすぐの引橋入口から小網代湾まで、約1.6kmにわたって続く小網代の森。小規模ながらも首都圏では唯一の、源流の森から川、湿地、干潟、そして海へと続く生態系が保全された、貴重な場所だ。特に小網代湾干潟は、アカテガニなどの生物を観察するために訪れる人が多い。

森の北側にある広大な農地を抜けると、三戸海岸の砂浜に出る。海岸線を北へ向かえば周囲は磯に変わり、前方には丘のような黒崎の鼻が現われる。その上に立つと、正面に相模湾の海原が、背後にはササに覆われた、まるで高山のような稜線が続く絶景が広がっている。

（文・写真／木元康晴）

山行アドバイス

● 登山適期／一年を通じて歩ける。
● 注意点／小網代の森に立ち入りできるのは、4月〜9月は7〜18時、10月〜3月は7〜17時。5月〜6月の週末の数日間は、ホタル観察のため21時まで利用できる（日時は神奈川県のHPで公開される）。なお、満潮時には岩礁帯の一部が歩行できなくなる。気象庁のHPから「各種データ・資料」→「潮位表」→「関東地方・伊豆諸島」→「油壺」を開き、日にちを指定し「毎時潮位（グラフ）」を表示して、日中の潮位が1mを超えるようであれば、その日は避けたほうがよい。

↑森に囲まれた湿地の中の幅広い木道を歩いていく
↓黒崎の鼻から山の稜線を思わせる尾根道を進む

↑小網代湾に出ると首都圏では貴重な干潟が広がっている

チェック！

三浦半島のそのほかの海岸自然歩道

アクセスはバス利用となるが、三浦半島にはこのコース以外にも海辺を歩く自然歩道が整備されていて、山とは雰囲気の違ったハイキングが楽しめる。多くは「関東ふれあいの道」に指定されており、神奈川県のHPにルート情報が公開されている。

JR横須賀線 | 北鎌倉駅

Course 55

鎌倉アルプス〜大丸山
天園ハイキングコース

中級 ★★☆

豊かな森をつないで、鎌倉から横浜への大縦走

　鎌倉市街の北側に連なる山々をつなぐ縦走路、天園ハイキングコースは「鎌倉アルプス」とも呼ばれ、多くのハイカーでにぎわう。住宅街が間近とは思えない照葉樹の森で、稜線の縦走路のあちこちに中世の墓地であるやぐらが見られ、歴史を感じさせる。

　鎌倉アルプスから横浜自然観察の森などにつなげると、歩き応えのある縦走ルートに。市境広場から大丸山へ向かい、いっしんどう広場へ至るルートは「ビートルズトレイル」と名づけられている。ところどころで西側の視界が開け、住宅街の向こうに海が見えるのも楽しい。大丸山は東方向の眺めがよく、八景島や横須賀港が眺められる。　（文・写真／西野淑子）

山行アドバイス

● **登山適期**／眺望を楽しむなら晩秋〜冬。鎌倉周辺の紅葉の見頃は11月下旬〜12月上旬。大平山山頂周辺のオオシマザクラは3月中旬〜4月上旬。サクラやボタン、アジサイなど山麓の社寺の花の見頃と合わせて歩くのもよいが、真夏は暑くて不向き。

● **注意点**／鎌倉アルプスは行程が短いものの、岩が露出した登山道が多い。路面が濡れているときは滑りやすくなるので注意。

● **サブルート**／鎌倉アルプスの定番コースは天園分岐から瑞泉寺方面に下り、鎌倉駅をめざす。天園分岐から鎌倉駅まで約1時間30分。

↑勝上嶽からは天気に恵まれれば富士山も見渡せる

↑岩を切り開いてつくられた道が残る

↓大丸山の山頂は快適な広場になっている

立ち寄りスポット

紅葉の名所・獅子舞

大平山からハイキングコースを進み、沢沿いの道で永福寺跡に向かうルートは、鎌倉屈指の紅葉の名所。獅子舞と呼ばれる谷沿いにカエデとイチョウの樹林が広がる。空一面を覆うカエデの紅葉、高くそびえるイチョウの黄葉は見応え充分だ。

Course 56 乳頭山（にゅうとう）

JR横須賀線 ｜ 東逗子駅

中級 ★★☆

尾根と谷が入り組んだ深い森を抜けて、海を見渡す頂上へ

　三浦半島の二子山山系は、細かな尾根と谷が網の目のように入り組んだ極めて複雑な地形をしている。宅地開発もほぼされておらず、開けた場所から山並みを見ると、鬱蒼とした照葉樹の森が続いて驚きを感じるほどだ。

　以前は地元の人も入山を避けていたというが、1980年代に横浜市の山岳会が登山道を開拓。以降は「三浦アルプス」の愛称で多くの登山者に親しまれているものの、依然として注意を要するエリアだ。

　乳頭山は山系の複数の登山道が交差する山で、比較的展望もある。下山は、早春にウメが美しく花を咲かせる田浦梅の里を経由する道が楽しい。

（文・写真／木元康晴）

山行アドバイス

● **登山適期**／10月〜6月。田浦梅の里では、2月上旬〜3月上旬にウメの花が咲く。夏は暑いだけでなく、ハチやヘビなども多く不適。

● **注意点**／標識は充分にあるものの、漫然と歩いているとルートを間違えやすい。特徴のある地形は少なくて視界も悪いため、間違えたことに気づくのが遅れることも多い。スマートフォンの地図アプリを積極的に活用して、進路を確かめつつ歩こう。

● **サブルート**／乳頭山から畠山に向かい、そこから塚山公園経由で安針塚駅に向かうコースもよい。乳頭山から約1時間50分。

↑樹林の中にひっそりと立つ「牛馬安全」と彫られた馬頭観音
↓斜面がウメの花に彩られた2月下旬の田浦梅林

↑乳頭山頂上は東側がわずかに開け、東京湾と都心方向を見渡せる

 チェック！

道迷いが多い三浦アルプス

このエリアの登山道は、入り組む枝尾根などをかわすようにつけられている。しかし道ではない尾根のほうが歩きやすく見える場所が点在し、道迷いの原因になっている。特に迷いやすい分岐には「FK」の標識があるので、必ず進路を確かめよう。

Course 57 衣笠山～大楠山

JR横須賀線 | 衣笠駅

中級 ★★☆

花と展望、沢歩き、盛りだくさんの山歩き

　標高241mの大楠山は三浦半島の最高峰。南側に相模湾を望み、北側は木々の間から横浜方面が見渡せる。東西にハイキングコースが整備されていて、豊かな自然を楽しみながら歩くことができるのが魅力だ。横浜横須賀道路を隔ててそびえる衣笠山は、山頂一帯が衣笠山公園として整備されている。頂上の展望台からは東京湾方面の眺めがよく、横浜ランドマークや猿島、房総半島も見渡せる。春はサクラの名所としても人気が高く、上の広場周辺はサクラと菜の花が彩りを添える。

　大楠山から前田橋へ向かうルートの最後は沢沿いの遊歩道。沢を飛び石で渡るちょっとした徒渉も楽しみ。

（写真・文／西野淑子）

山行アドバイス

● **登山適期**／衣笠山山頂周辺のサクラは3月下旬～4月上旬、大楠山山頂のカワヅザクラは2月下旬～3月上旬。横須賀しょうぶ園のハナショウブは5月下旬～6月下旬。

● **注意点**／横須賀しょうぶ園から大楠山の登山口までは住宅街の歩行となる。分岐が多いので道標を見落とさないように注意。

● **サブルート**／衣笠山から大楠山へは、衣笠城址に立ち寄るルートも歩かれている。また、大楠山からは芦名口へ向かうルートがあり、こちらは広く歩きやすい未舗装の道。途中にカワヅザクラが咲くポイントがある。

↑衣笠山公園の上の広場は、春はサクラで彩られる
↓飛び石伝いに歩くところもある前田川遊歩道

↑ベンチがありくつろげる大楠山山頂

立ち寄りスポット

14万株のハナショウブが咲く 横須賀しょうぶ園

約7000㎡の敷地に400品種、14万株のハナショウブが咲く。菖蒲田を覆う色とりどりの花が壮観。ほかにも園内はいろいろな花が植栽され、なかでも4月下旬～5月上旬のフジは見どころ。

神奈川県横須賀市阿部倉18-1
☎046-853-3688

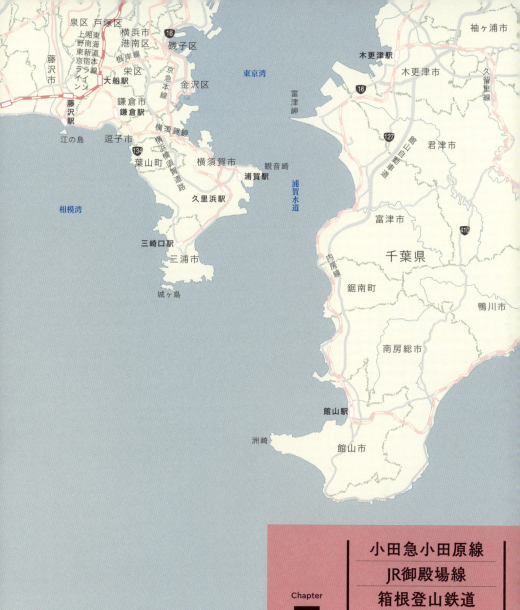

Chapter 5

小田急小田原線
JR御殿場線
箱根登山鉄道
JR東海道本線
JR伊東線
伊豆箱根鉄道
伊豆急行線

小田急小田原線 | 秦野駅

Course 58 弘法山(こうぼう) 初級 ★☆☆

春はサクラを愛でる低山縦走、締めは温泉

サクラの名所として人気の高い弘法山。弘法山から権現山の一帯が弘法山公園として整備されていて、芝生の広場になっている権現山の山頂はソメイヨシノ、前衛の浅間山にはヤマザクラが多く見られる。権現山と弘法山の間の馬場道も桜並木が見事だ。

秦野駅を起点に権現山、弘法山、吾妻山とつなぐルートは、豊かな緑や、展望が楽しめる稜線。権現山からは丹沢、箱根の山々と富士山が一望でき、吾妻山や弘法山からは関東平野の眺めがよい。弘法山から先は山深さを増し、心地よい樹林歩きが続く。下山地は鶴巻温泉。肌にやさしい良質の温泉で、疲れを癒やしたい。　　　　（文・写真／西野淑子）

山行アドバイス

● 登山適期／浅間山、権現山、馬場道周辺のサクラの見頃は3月下旬〜4月上旬。権現山から下る道沿いのヤマツツジは4月下旬〜5月上旬、アジサイは6月が見頃。新緑は4月下旬〜5月中旬、紅葉は11月中旬〜12月上旬。

● 注意点／弘法山から吾妻山の区間は本格的な山道で、適度なアップダウンが続き行程も長い。弘法山までで疲れを感じる場合は往路を戻ろう。

● プランニング／例年、サクラの開花時期に合わせて、権現山や弘法山周辺、水無川の河川敷でライトアップを実施。

↑広々として多くの人でにぎわう権現山の山頂
↓吾妻山の山頂には小さなあずまやがある

↑権現山から弘法山に向かう馬場道はサクラの並木道

立ち寄りスポット

美肌の湯として知られる名湯
鶴巻温泉

神奈川県秦野市に湧く温泉地。鶴巻温泉駅の周辺に数軒の温泉旅館があるほか、駅から徒歩2分のところに日帰り入浴施設「弘法の里湯」が立ち、カルシウムが豊富でなめらかな温泉を楽しめる。鶴巻温泉駅北口には源泉かけ流しの手湯がある。

小田急小田原線 | 秦野駅

Course 59 | 渋沢丘陵（しぶさわきゅうりょう）

初級 ★☆☆

湖の散策も楽しめる展望のよい丘のウォーキング

秦野市の南側に広がり、小田急線と並行して東西に延びる丘陵地帯。丹沢山地を見ながらのどかな畑地の中を歩くウォーキングコースとして知られている。

コースの途中にある震生湖は、名前どおりに1923（大正12）年に発生した関東大震災によって、市木沢川が堰き止められてできた湖だ。現在では遊歩道やベンチが整備された心地よい休憩スポットとして、ハイカーに親しまれている。

コースで唯一の山頂となる八国見山は、丘陵西側から延びる枝尾根上のピークだ。樹林に囲まれているが、西側は開けていて富士山を大きく見渡せる。　　　（文・写真／木元康晴）

山行アドバイス

● **登山適期**／一年を通して歩ける。特に10月から3月の、空気が澄んで展望のよい日がおすすめ。新緑は4月上旬〜中旬、震生湖の紅葉は11月下旬〜12月中旬。夏も自然観察などで訪れる人は多いが、ヤマビルが発生する八国見山の周辺は避けたほうが無難。

● **注意点**／登山道は八国見山の一角に限られる、ウォーキングコースだ。シューズは軽量なローカットタイプが歩きやすい。

● **サブルート**／八国見山から約1.8km西にある、頭高山まで歩くこともできる。その場合、下山は住宅地を長く歩いて渋沢駅へ。

↑渋沢丘陵の東側から畑地を隔てて見た丹沢の山々
↓八国見山頂上から見た富士山

↑関東大震災の地すべりで土砂が川を堰き止めてできた震生湖

 立ち寄りスポット

関東三大稲荷に数えられる白笹稲荷

渋沢丘陵へ向かう途中、左手にある大きな神社で、稲作と農業の神様である、稲荷大明神を祀る。赤い鳥居をくぐってお参りする東末社など、境内には神秘的なスポットが多い。

神奈川県秦野市今泉1089

Course 60 曽我丘陵（そがきゅうりょう）

JR御殿場線 ｜ 上大井駅

中級 ★★☆

富士山と海の展望を満喫するウォーキングコース

　曽我丘陵は、神奈川県西部の小田原市、大井町、中井町の3市町が接する一帯に広がる丘陵地帯だ。最高地点の不動山は植林に囲まれて眺望がなく、丘陵の南側にはミカン畑が続き、車道や農道をたどる区間が大半で、登山としての魅力はやや乏しい。

　しかしこのコースは、それを補って余りあるほど展望がすばらしい。おおいゆめの里から国府津駅の間近まで、西に大きくそびえる富士山を見渡せる場所が点在するほか、東側に連なる丹沢山地も一望できる。そしてコース後半では相模湾が次第に近づいてきて、海をめざして歩くような爽快な気分でウォーキングが楽しめる。

（文・写真／木元康晴）

山行アドバイス

● **登山適期**／10月〜6月。新緑は4月上旬〜下旬、紅葉は11月下旬〜12月中旬。おおいゆめの里の河津桜の見頃は2月下旬〜3月上旬、曽我梅林のウメの見頃は2月上旬〜下旬。

● **注意点**／登山道を歩くのは、不動山の前後に限られる。急な箇所もあるが、短いのでソールが柔らかいローカットシューズが歩きやすい。舗装路歩きは長いが、おおいゆめの里を離れると自動販売機などはない。通常の登山に準じた行動食や飲料水は持参すること。

● **サブルート**／見晴台から曽我梅林を経由して下曽我駅へ下山できる。

↑おおいゆめの里から見た富士山
↓東側に隣接する吾妻山（右）と湘南アルプス（左）

↑再生活動中の曽我山耕作放棄地にある休憩所

立ち寄りスポット

雄大な富士山を眺めて梅林散策
曽我梅林

小田原市東部に広がる梅林で、別所、原、中河原の3つの梅林の総称。約3万5000本のウメが植えられており、例年の見頃となる2月には、白く雪をかぶった富士山を背景にウメが咲き匂う。

小田原市観光課
☎0465-33-1521

（文・写真／西野淑子）

Course 61 | 大野山

JR御殿場線 | 谷峨駅

中級 ★★☆

放牧地跡が草原になった展望抜群の明るい山

丹沢はバス利用で登山口へ向かう山がほとんどだが、この山は駅から登れる山として貴重な存在だ。

かつては放牧地だった山頂部一帯は、今は明るく開けた草原になっていて、360度の眺望が楽しめる。まず目に入るのは、西に大きくそびえる富士山。裾野から頂上までを見渡せる。その左には愛鷹連峰と箱根の山並み、右には丹沢湖を形作る三保ダムと、背後には畦ヶ丸や大室山など西丹沢の山々を見渡す。

下山路の地蔵岩コースは展望がないものの、共和のもりセンター付近から振り返ると、樹木のない斜面が特徴的な山頂部を見渡せる。

（文・写真／木元康晴）

山行アドバイス

● **登山適期**／10月～5月。新緑は4月中旬～5月上旬、紅葉は11月中旬～12月上旬。毎年4月29日に山開き行事が行なわれ、山頂で地元の山菜や農産物などが販売される。眺望がよい冬も登りやすいが、部分的な凍結には注意。暑い時期は途中の樹林帯にヤマビルが発生するので避けたほうが無難。

● **注意点**／山頂東側の薫る野牧場は観光牧場ではなく、見学するには事前予約が必要。

● **サブルート**／犬クビリから深沢三差路を経由する車道を歩いて下山できる。犬クビリから大野山登山口まで約1時間20分。

↑頂上近くでは牧場跡地の展望のよい道を進む

↑大野山の頂上では富士山が間近に迫って見える

↓頂上北側からは丹沢湖を隔てて西丹沢の山並みを望む

立ち寄りスポット

動くSLも保存される 山北鉄道公園

山北駅の南側にかつて存在した機関区の跡地にある公園。展示されているD52形蒸気機関車は、毎月1回整備運行が行なわれている。日時が合えば見学しよう。

神奈川県足柄上郡山北町山北
☎0465-75-3646

箱根登山鉄道 ｜ 小涌谷駅

Course 62

浅間山
せんげん

初級 ★☆☆

サクラとカエデが彩る箱根越えの古道をたどる

　箱根越えの道として、鎌倉時代から江戸時代に歩かれていた湯坂路。その道中に位置するのが浅間山だ。江戸時代には山の中腹に浅間神社が祀られていた。北条氏が豊臣秀吉からの攻撃に備えて築城した鷹巣城は、この山の山頂にあったと考えられている。

　小涌谷駅から千条ノ滝までは観光客も多く訪れるが、その先は本格的な登山道となる。浅間山の山頂はのびやかな広場で、駒ヶ岳や神山が眺められてひと息つくのによい。浅間山から先はなだらかな尾根の下り。道の両側にサクラやカエデが茂り、サクラの開花時期や新緑、紅葉の時期が美しい。湯坂路の終盤は石畳の道となる。　（文・写真／西野淑子）

山行アドバイス

● **登山適期**／湯坂路のサクラの見頃は4月上旬～中旬、カエデの紅葉は11月中旬～下旬。新緑は5月上旬～下旬。冬はうっすらと積雪する場合があり、チェーンスパイクなどの携行が望ましい。

● **注意点**／湯坂城跡の手前から山麓までの石畳の道は歩きにくいところがあり、濡れていると滑りやすい。傾斜がやや急な部分や苔むしている箇所があるので慎重に進みたい。

● **サブルート**／箱根は関東有数の温泉地。山麓の箱根湯本温泉は宿泊施設も多く、登山と温泉旅を合わせて楽しむのも一案。

↑苔むした岩壁を流れ落ちる千条ノ滝
↓湯坂城跡周辺は石畳の道が残る

↑浅間山の山頂周辺はのどかな芝生の広場

立ち寄りスポット

肌触りのよいなめらかな温泉
早雲足洗の湯 和泉

国道1号沿い、湯本橋のたもとに立つ、レトロな雰囲気の日帰り入浴施設。湯量豊富な温泉を内湯と外湯で楽しめる。岩盤がむき出しで、横穴源泉跡が見られるロビーも見どころのひとつ。

神奈川県足柄下郡箱根町湯本657
☎0460-85-5361

箱根登山鉄道 | 強羅駅

Course 63 | 明神ヶ岳(みょうじんがたけ)

上級 ★★★

富士山と相模湾の眺望が抜群の箱根外輪山縦走路

箱根火山最高峰の神山がそびえる中央火口丘を、ぐるりと取り囲む箱根古期外輪山。明神ヶ岳はその北東側にそびえる一峰で、アクセスのよさから登山者に人気が高い。展望も抜群で、金時山を手前に従えた富士山や、噴気を上げる大涌谷、相模湾の海原も見渡せる。

明神ヶ岳と併せて登られることが多いのが、南東に隣接する明星ヶ岳。8月16日に中腹で大文字焼きが行なわれることで知られる山で、防火帯の中に塚のような山頂がある。さらに外輪山をたどり、仏舎利(釈迦の遺骨)を安置する宝塔が見つかったとの言い伝えがある塔ノ峰まで縦走すれば、充実した登山が楽しめる。

(文・写真／木元康晴)

山行アドバイス

●**登山適期**／4月～12月。新緑は4月中旬～5月上旬、紅葉は10月中旬～11月上旬。眺望がよいのは11月～12月。冬は積雪がある。

●**注意点**／明星ヶ岳を過ぎるとよいエスケープルートがない。時間や体力によっては、明星ヶ岳から宮城野へ下ることを考えよう。

●**サブルート**／富士山を正面に進む、逆コースもよい。ただし登り主体となるため、歩行タイムは約7時間45分と長くなる。また明神ヶ岳から、西へ縦走するコースもよい。矢倉沢峠から秋のススキが見事な仙石原へ下山した場合、明神ヶ岳頂上から約2時間30分。

↑明神ヶ岳頂上手前から見た相模湾。奥には房総半島も見える
↓樹林に囲まれた塔ノ峰頂上

↑明星ヶ岳手前から振り返って見た明神ヶ岳

 立ち寄りスポット

箱根のあじさい寺と呼ばれる 阿弥陀寺

6月中旬から下旬の箱根には、アジサイが多く咲く。特に名所として知られているのが塔ノ峰から下った阿弥陀寺。4000株以上が植えられていて、「あじさい寺」とも呼ばれている。

神奈川県足柄下郡箱根町塔之沢24

Course 64 湘南アルプス
湘南平〜浅間山〜高麗山

JR東海道本線 ｜ 大磯駅

初級 ★☆☆

展望抜群で歴史も感じる、海に近いご当地アルプス

　海水浴で知られる大磯町の北側に広がる、大磯丘陵。そのなかでも東海道本線の大磯駅に近い東西に延びる尾根道が、湘南アルプスと呼ばれるようになったのは比較的最近だ。

　最も標高が高い湘南平は千畳敷とも呼ばれる広い台地で、レストハウス展望台に立つと富士山や相模湾の海原を一望。すぐ東にある浅間山は、一等三角点が設置された小さなピークだ。さらに尾根道をたどると着く高麗山は戦国時代の城郭跡で、頂上から階段を下りると、高来神社の境内に出る。この高麗山は、東側の花水川を渡った平塚市側から見ると富士山型をしていることから、平塚富士との愛称もある。

（文・写真／木元康晴）

山行アドバイス

● **登山適期**／一年を通じて登れるが、暑さを避けた10月〜5月が登りやすく、特に空気が澄む12月〜2月がよい。湘南平のサクラの見頃は4月上旬〜中旬。

● **注意点**／高麗山近くの樹林では、8月〜10月にかけてスズメバチが巣を作ることがあるので注意しよう。

● **プランニング**／湘南平は夕日や夜景を見るにも最適なスポット。紹介した雑木林を進むコース以外にも、主に車道を歩くサブルートからも下山できるので、日没から夜にかけて登っても楽しめる。

↑湘南平のレストハウス展望台から見た富士山と箱根の山々
↓高麗山の山麓に祀られた高来神社

↑祠の脇に一等三角点が設置されている浅間山

立ち寄りスポット

東海道の宿場町だった 大磯宿

化粧坂交差点から三沢橋東側交差点までは、昔の東海道の大磯宿の区間を歩く。往時を偲ばせる斜めになった松並木のほかに、一里塚などの史跡が残っている。詳細な解説が記された案内板も、多数設置されている。

歩行タイム……約2時間45分
歩行距離……約5.9km
累積標高……約812m

ヤマタイムで
ルートチェック！

湘南平のレストハウス展望台

JR東海道本線 | 二宮駅

Course 65

吾妻山（あづま）

初級 ★☆☆

地元の散歩コースを歩いて花と富士山の絶景スポットへ

大磯丘陵南端の、相模湾に面した二宮町。吾妻山はその二宮町役場の背後の山で、山頂一帯は公園として整備されており、ローラー滑り台などの遊具もあって、親子連れからお年寄りまでが訪れる憩いの場となっている。

手軽に登れる丘だが、頂上からの眺望は驚くほど見事で、正面に富士山、右に丹沢山地、左には箱根や伊豆半島、そして雄大な相模湾まで一望できる。特に早春の菜の花畑越しに見える富士山は壮観で、山岳雑誌『山と渓谷』の表紙を飾ったこともあるほどだ。

役場口からはすぐ山頂だが、中里口からは里山の風情がある道が続き、ハイキング気分を感じつつ歩ける。　　　　（文・写真／木元康晴）

山行アドバイス

● **登山適期**／一年を通じて登れる。ナノハナは1月～2月、サクラは3月下旬～4月中旬、コスモスは7月上旬～8月中旬が見頃。

● **注意点**／山頂公園に立ち入りできるのは、8時30分～17時。コースはとてもよく整備されていて、運動靴を履き、手ぶらで登ってくる地元の人も多い。最低限の持ち物で、軽快に登ろう。

● **プランニング**／所要時間は短いので、下記の川勾神社の参拝や、袖ヶ浦海岸の散策をセットにして訪れるとよい。頂上から梅沢口までは約20分、釜野口までは約30分で下山できる。

↑森の中を登っていく中里口の登山道
↓第2展望台から見下ろした二宮の町並み

↑3月ごろに見頃を迎える山頂直下の菜の花畑の向こうに富士山を望む

立ち寄りスポット

相模国二宮の川勾神社

かつての相模国の祭事である、国府祭に参加する相模五社のひとつで、二宮にあたる。二宮町の町名も、この神社に由来する。安産や五穀豊穣のご利益があるとされる境内は広く、富士山山頂部も遠望する。

神奈川県中郡二宮町山西2122

Course 66 真鶴半島(まなづるはんとう)

JR東海道本線 | 真鶴駅

初級 ★☆☆

マツやクスノキなどの大木が茂る「お林」

　相模湾に突き出した形が、鶴が舞う姿に似ていることから名づけられた真鶴半島。半島の先端部の森は「お林」と呼ばれ、クロマツやクスノキ、シイなどの常緑広葉樹の大木が茂る豊かな樹林となっている。明治時代以降は皇室の御料林として保護され、のちに「魚つき保安林」の指定を受け、戦後に真鶴町に払い下げられた後も大切に守られている。

　現在は遊歩道が設けられ、樹林を楽しみながら海岸線に向かう。真鶴岬の先端、三ツ石海岸は、しめ縄が張られた三ツ石を目の前に、伊豆半島や伊豆大島を望む絶景ポイント。三ツ石は干潮時には歩いて渡ることもできる。

（文・写真／西野淑子）

山行アドバイス

● **登山適期**／一年を通じて歩けるが、真夏は暑く、散策には不向き。海岸沿いのイソギクは11月ごろに開花。

● **注意点**／海岸のすぐ際を歩く潮騒遊歩道は、荒天時など波が高いときは濡れて滑りやすく、道が水没する場合もある。

● **プランニング**／ケープ真鶴は喫茶や休憩室があり、ひと息つくのによい。隣接の遠藤貝類博物館も見どころ。真鶴駅行きのバスは、ケープ真鶴が始発となる。真鶴の新鮮な魚介類が味わえる店や、干物などの海産物を購入できる店は、真鶴港周辺を中心に点在している。

↑三ツ石海岸からしめ縄が張られた三ツ石を望む
↓石段を上った先に社殿が立つ貴船神社

↑地元で「お林」として親しまれ、守られてきた照葉樹の林

 立ち寄りスポット

新鮮な魚介類を味わう 真鶴魚座

真鶴町営の食堂。海を眺めながら、相模湾の海の幸をふんだんに使ったメニューが味わえる。刺身や煮魚、焼魚の定食、海鮮丼など、魚市場直結ならではの新鮮な地魚料理が人気だ。

神奈川県足柄下郡真鶴町真鶴1947-2 ☎0465-68-6511

JR東海道本線 ｜ 湯河原駅

Course 67

城山～幕山

上級 ★★★

源頼朝の足跡をたどり相模湾の展望を満喫

　神奈川県湯河原町、相模湾に面してそびえる城山と幕山。平安時代末期に山城が築かれた城山は、石橋山の合戦で敗れた源頼朝が兜を脱いで休憩したという「兜岩」、身を隠したといわれる「しとどの窟」など、源頼朝ゆかりのスポットが点在する。幕山から南郷山に向かう道中の池、自鑑水もまた、頼朝が自害を決意したが思いとどまったという伝説が残る。幕山は山麓の幕山公園の梅林が有名だが、シャクナゲやアジサイなども美しい。
　城山、幕山ともに山頂からの展望がすばらしく、相模湾に浮かぶ伊豆大島や初島、鶴が舞う形の真鶴半島や、伊豆半島の海岸線がくっきり見渡せる。　　　　　（文・写真／西野淑子）

山行アドバイス

● **登山適期**／湯河原梅林の開花時期は2月上旬～3月上旬。幕山ハイキングコース途中の梅林最高地点からの眺めがすばらしい。新緑は4月下旬～5月上旬、紅葉は11月中旬～下旬。標高が低く、夏は暑くて不向き。

● **サブルート**／ウメが見頃の時期は幕山山頂から幕山登山口に戻り、湯河原梅林を楽しんで帰るのも一案。幕山公園から湯河原駅行きのバスが運行している。

● **プランニング**／湯河原は関東有数の温泉地。温泉宿に宿泊、あるいは日帰り温泉で山行の疲れを癒やしていくのもよい。

↑城山山頂から大島を望む。手前に見える島は初島
↓源頼朝が身を隠したといわれる「しとどの窟」

↑カヤトに囲まれた南郷山の山頂

立ち寄りスポット

咲き匂う梅林を散策
湯河原梅林

幕山の南側山麓、幕山公園に広がる梅林。約4000本の紅梅・白梅が山の斜面を埋め、散策路から花を間近に眺められる。開花時期に合わせて「梅の宴」が行なわれ、イベントや出店などもあり。

湯河原町観光課
☎0465-63-2111

JR伊東線 | 来宮駅

Course 68 | 岩戸山(いわと)

中級 ★★☆

海を見渡す石仏の道から神社を囲む深い森へ

　温泉地として知られる熱海市は、海岸からすぐに立ち上がる急斜面に住宅地が続き、その周りを山々が取り囲んでいる。岩戸山もその一峰で、登山コースはいくつかあるが、駅から登りやすいのは石仏の道だ。これは江戸時代に寄進された石仏をたどりつつ、開けた尾根を進む道で、笹の広場に近い上端部から望む相模湾や海岸線の景観は見事だ。

　山頂へ立ったら下山は東側へ。住宅地を通り抜けて本宮社に参拝してから、伊豆山神社に向かう道が興味深い。子恋の森公園になっている一帯は大きな木が立ち並び、途中には伊豆山修験の行場跡もあって、変化に富んでいる。
（文・写真／木元康晴）

山行アドバイス

● **登山適期**／一年を通じて登れる。石仏の道のサクラは4月上旬～中旬。

● **注意点**／来宮駅から石仏の道登り口までの住宅地の区間は、最低限の目印はあるが分岐で道を間違えないように。熱海駅からも歩けるが、やや道がわかりにくく、時間もかかる。

● **プランニング**／来宮駅に近い來宮神社は、古くから来福、縁起の神として信仰されている。ぜひ立ち寄って参拝しよう。時間に余裕があれば、日金山・東光寺分岐から、富士山展望スポットとして人気の十国峠をピストンするのもよい。往復約1時間。

↑明るく刈払いされた歩きやすい石仏の道
↓背の高いハコネザサの中を進む迷路のような区間

↑笹の広場近くからは熱海の町並みと初島や伊豆大島を望める

立ち寄りスポット

熱海駅前のふたつの商店街

熱海駅前には平和通り名店街と仲見世名店街の、2本の商店街が並行して延びている。個性的なお店が多く、創業70年の老舗店まである。伊豆半島のお土産をそろえたお店のほか、レストランやカフェも充実し、下山後に立ち寄るには最適だ。

歩行タイム	約4時間5分
歩行距離	約12.2km
累積標高	約1913m

ヤマタイムでルートチェック！

アクセス（帰り）
- 逢初橋バス停
  - 東海バス
- JR東海道本線 熱海駅

伊豆山神社参道を下り、国道を右へ約150m進むとバス停がある。熱海駅まで約4分。伊豆山神社前からバスに乗ると熱海駅へ約12分。

地図上の注記（反時計回り、ルート沿い）

- 舗装路に出たら左へ
- 送電鉄塔の横を通過
- 岩戸山ハイキングコース入口
- 伊豆山方向へ進む
- 交差点右へ（標識なし）
- 狭い頂上。相模湾を望む
- 岩戸山 734
- 30分
- 40分
- 頂上へは直登する。近道のほうが歩きやすい
- 25分
- 富士山を望む。ハコネザサの中を進む
- 30分
- 本宮社を示す標識に従って進む
- 本宮社
- 子恋の森公園
- 伊豆山神社
- 20分
- 十国峠
- 東光寺
- 755
- 771
- 日金山・東光寺分岐
- 笹の広場
- 岩戸山方向へ
- 熱海の町並みと相模湾、伊豆大島を見渡す
- 姫の沢公園
- サクラ
- 姫の沢公園分岐
- あずまやあり
- 伊豆山神社前
- 伊豆山中央
- 伊豆山温泉走り湯
- 逢初橋 G
- 右の登山道に進む
- 石仏の道登り口
- 石仏の道
- 伊豆山風致地区案内板
- 交差点を左へ
- 長い階段を下る
- 三町目石仏
- みそぎ乃瀧
- 石仏の道二町目方向へ進む
- 45分
- 石仏の道案内版
- 熱海駅
- 135
- 交差点を右へ
- 來宮神社の前を左へ
- 初川
- 熱海第一小
- 來宮神社
- 来宮暗きょ
- 駅を出てすぐに東海道本線をくぐる
- 熱海市役所
- 来宮駅 S
- 11
- 伊東線
- 三島駅
- 熱海港

スタート地点の来宮駅に近い縁起の神の來宮神社

1:36,000　0　500m

JR東海道本線／御殿場線　沼津駅

Course
69

沼津アルプス
香貫山〜徳倉山〜鷲頭山

上級 ★★★

駿河湾沿い、展望と岩尾根のロングルート

静岡県沼津市の市街地にそびえる香貫山から南に、徳倉山、鷲頭山と続き、大平山に至る稜線が沼津アルプス。駿河湾の海岸線に近く、うっそうとした樹林の合間に見える青い海の眺めが魅力だ。一方で行程が長いうえ、全体的にアップダウンが激しく、ロープがついた足場の悪い箇所も点在する難コースだ。

縦走路は鷲頭山で進路を東に変え、岩尾根となる。大平山から大嵐山(日守山)へ続く稜線は「奥沼津アルプス」と名づけられているが、時折北側の眺望が開け、富士山や愛鷹連峰が眺められる。長い縦走路の最後を飾る大嵐山の山頂からは、狩野川の向こうにそびえる富士山が美しい。　　　　（文・写真／西野淑子）

山行アドバイス

● **登山適期**／眺望がよい山なので晩秋〜春先が適期。標高が低く、夏は暑くて不向き。香貫山のサクラは3月下旬〜4月上旬が見頃。

● **注意点**／横山の山頂直下、小鷲頭山の山頂直下は木の根が露出した急な登りで、ロープがつけられている。大平山から先の奥沼津アルプスは、よく整備されているものの、ロープがついた箇所や、険しい岩場の通過もある。

● **サブルート**／志下坂峠、多比峠から大平地区方面に下る登山道、多比口峠から多比地区へ下る登山道などがある。いずれも下山地から沼津駅行きの路線バスが運行している。

↑香貫山展望台から富士山を望む
↓沼津アルプスは山頂や分岐に手作りの道標が立つ

↑鷲頭山直下は木の根が露出した険しい道

立ち寄りスポット

魚介類グルメもショッピングも
沼津港

伊豆半島西側の玄関口、沼津市。駿河湾に面した港の周辺には、新鮮な魚介類を味わえる食堂街やマーケットモールなどが立ち並び、地魚の寿司や海鮮丼などの食べ歩きが楽しみだ。沼津駅からバスで約10分、沼津港下車。

伊豆箱根鉄道駿豆線 | 大仁駅

Course 70

伊豆三山
城山〜葛城山〜発端丈山

上級 ★★★

さまざまな展望が楽しめる、花も見事な縦走コース

伊豆箱根鉄道駿豆線大仁駅の西側に、天空の城を思わせる険しい山がそそり立つ。これが城山で、南面に立ち塞がる高さ100mを超える岩壁は、ロッククライミングの対象として登られてきた。見た目に反し登山道に岩場はなく、富士山を望む山頂には難なく立てる。

稜線を西に向かうと着く葛城山は、かつては修験者たちの修行の山だったが、今は伊豆パノラマパークとして整備された花の名所だ。さらに西の発端丈山の頂上は広い草原になっていて、富士山の上半部を見渡せる。

この3つの山を結んだコースは伊豆三山と呼ばれて、春から秋にかけては多くの登山者を集める人気コースだ。　　（文・写真／木元康晴）

―― 山行アドバイス ――

● **登山適期**／一年を通じて登れる。伊豆パノラマパークのサクラは3月下旬〜4月上旬、ツツジは4月下旬〜5月上旬、アジサイは6月。益山寺の紅葉は12月上旬〜中旬。

● **注意点**／コースはよく整備されているが、分岐が多いので進路はしっかり確認しよう。

● **プランニング**／分岐から約20分で往復できる益山寺には、樹齢900年の大カエデやイチョウの木があって紅葉が見事。時期が合えばぜひ立ち寄っていこう。また葛城山にはパノラマパークロープウェイが通じていて、緊急時にはすぐに下山できる。

↑登山口に近い狩野川沿いから見上げた城山
↓発端丈山の先の見晴台から見た内浦湾と淡島

↑葛城山頂上やや下から見た富士山。手前の山は沼津アルプス

立ち寄りスポット

葛城山頂上の伊豆パノラマパーク

伊豆パノラマパークの山頂エリアになっている葛城山頂上は、碧テラスや富士見の足湯などの休憩スポットが多数。富士山を見渡せるカフェもある。立ち入りには施設利用料2500円が必要。
静岡県伊豆の国市長岡260-1
☎055-948-1525

伊豆急行線 ｜ 城ヶ崎海岸駅

Course 71

城ヶ崎海岸

中級 ★★☆

切り立った岩壁と樹林、海の景観を満喫

　約4000年前の大室山の噴火で流れ出した溶岩によってつくられた城ヶ崎海岸。切り立った断崖が約9kmにわたって続いている。海岸線に沿って散策路が設けられており、複雑に入り組んだ海岸線と荒々しい岩壁の景観を楽しみながら歩くことができる。

　散策路は富戸地区から蓮着寺までの城ヶ崎ピクニカルコースと、蓮着寺から八幡野地区までの城ヶ崎自然研究路に分かれている。海岸沿いではあるが、全体的にうっそうとした照葉樹の森で、ところどころで視界が開けると相模灘や伊豆大島などの島々が見渡せる。後半の城ヶ崎自然研究路はアップダウンが多い本格的な山道だ。

（文・写真／西野淑子）

山行アドバイス

●**登山適期**／空気が澄んで眺望のよい晩秋〜春先がおすすめ。伊豆高原や城ヶ崎海岸駅周辺のサクラは3月下旬〜4月上旬が見頃。海岸線沿いの遊歩道には、6月はアジサイ、7月はハマカンゾウやスカシユリなどが見られる。

●**注意点**／海岸線はうっそうと茂る照葉樹の森で、日が陰るとかなり薄暗く感じられる。行動終了が夕方にならないように計画を。

●**プランニング**／周辺の宿泊施設に泊まり、大室山や一碧湖散策など伊豆高原周辺の観光や、「72下田富士〜寝姿山」（P160〜161）へ繋げるとさらに旅気分が味わえる。

↑海岸沿いの散策路はうっそうと木々が茂る
↓柱状節理の岩壁が間近に眺められる

↑ごつごつとした岩が広がる「いがいが根」

立ち寄りスポット

春の訪れ、満開のサクラのトンネル
伊豆高原の桜並木

伊豆高原はサクラの名所のひとつ。伊豆高原駅周辺の早咲きのサクラは2月中旬になると淡紅色の花を咲かせる。全長3kmのソメイヨシノの桜並木が満開となるのは3月下旬。城ヶ崎海岸駅周辺や門脇吊橋に向かう別荘地の桜並木もすばらしい。

（写真協力／伊東市観光課）

| 伊豆急行線 | 伊豆急下田駅 |

Course 72

下田富士〜寝姿山

初級 ★☆☆

開国のまちにそびえる個性的なふたつの山

　伊豆半島南部に位置する、「開国のまち・下田」。伊豆急下田駅の近くには下田富士、寝姿山の2山がそびえる。山麓から眺めると、下田富士は富士山を思わせる三角形、寝姿山は女性が横たわったようなたおやかな山容。いずれも名前が姿を表わしている。

　下田富士の登山口は駅からすぐ。入り口の鳥居をくぐり、急坂を登りつめると浅間神社の祠が立つ山頂に到着する。寝姿山はロープウェイで山頂直下までアクセスしたら、朱塗りの愛染堂が立つ山頂へは、整備された園地を歩いて20分ほど。道中の展望台からは眼下に海岸線、目の前には下田港と伊豆の島々が眺められる。　　　　　　（文・写真／西野淑子）

山行アドバイス

●**登山適期**／空気が澄んで遠方まで見渡せる晩秋〜春先がおすすめ。寝姿山公園の園内は四季折々に花が咲く。10〜11月のリトルエンジェルや、3月のギンヨウアカシアなどが見どころ。冬に咲くサクラも多い。

●**注意点**／下田富士は歩行時間は短いが、登山道は木の根や岩が露出した箇所がある。寝姿山山頂から先の散策路は入り口がややわかりづらく、愛染堂の右手奥のゲートから入る。

●**プランニング**／幕末・開国の歴史をたどる史跡巡りや、石畳の道と風情ある建物が並ぶペリーロード散策など、街歩きも楽しみ。

↑寝姿展望台からは伊豆大島、新島、利島などが見渡せる
↓旧下田街道を下る途中で下田富士の全容が眺められる

↑寝姿山山頂に立つ愛染堂

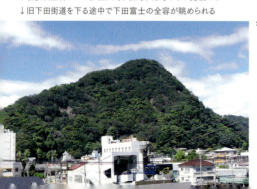

 立ち寄りスポット

電車を待ちながら疲労回復
開国の足湯

伊豆急下田駅の駅前広場、改札からすぐのところにあり、電車の待ち時間に気兼ねなく入れる足湯。下田市や松崎町で多く見られるなまこ壁の壁面が目印だ。やや熱めのお湯で、ヒノキのイスに腰かけて足を浸けているだけでもじわりと汗をかく。

東武日光線 ｜ 新鹿沼駅

Course 73 | 岩山（いわやま）

上級 ★★★

住宅地の奥に緊張感ある登山道が続く岩の里山

　鹿沼市中心部に近い小さな里山だが、その名のとおり岩場が連続する。特に三番岩の手前にある3つの岩峰は、古くからロッククライミングの練習場として利用されてきた。稜線上の登山道も岩場が多く複雑で、岩の隙間を通り抜けたり、垂直のハシゴを上ったりする。ベンチのあるC峰は見晴らしがよく、鹿沼市街を見下ろせる。また、岩山の頂上となる一番岩からは、日光連山の山々を遠望する。

　一番岩の先には、高さ約70mの猿岩を下る鎖場があるが難度が高いので、手前の迂回路を下る。なお、猿岩を巻いたとしても、簡単な山ではない。登る際は慎重に行動しよう。

（文・写真／木元康晴）

山行アドバイス

● **登山適期**／10月～5月。新緑は4月上旬～中旬、紅葉は11月中旬～下旬。冬も登れるが部分的な凍結箇所には注意。

● **注意点**／地元では手軽なハイキングコースとして親しまれているが、コースは岩場が連続する。本格的登山と考えて、ヘルメット着用で向かうことをすすめる。岩質は凝灰岩で、濡れるととても滑りやすくなるので、雨天時や降雨直後の登山は見合わせること。

● **サブルート**／一番岩から、二のタルミに戻って下山するコースもある。その場合、一番岩から新鹿沼駅までは約1時間45分。

← 周囲からひと際高く突き出た三番岩C峰の展望台

↑ 岩山頂上となる一番岩からは日光連山が一望できる

チェック!

危険な猿岩の通過

岩壁に長い鎖が設置されている猿岩は、通常は下りで利用される。この鎖場の上部は緩傾斜に見えるが、下3分の1は急峻なうえ、足場も限られて腕力頼りになるため、非常に危険だ。事故も多く発生しているので、安易に取り付かないよう注意しよう。

東武日光線　東武日光駅　JR日光線　日光駅

Course 74 | 鳴虫山（なきむしやま）

中級 ★★☆

春のツツジが見どころ、日光市街の裏山へ

　日光市街の南側に位置する鳴虫山は、地元の人々に親しまれている山。「鳴虫山の山頂に雲がかかっていると雨」など、天候判断の材料にもなっていたという。駅から近いのでハイカーにも人気が高く、東武日光駅やJR日光駅を起点に周回するルートがよく歩かれている。適度にアップダウンが続いて歩き応えがあり、深い青色の水をたたえた憾満ヶ淵で山行を締めくくることができる。

　また、鳴虫山はツツジの山としても人気が高い。木々の芽吹き前の時期に、ひらひらとした愛らしい花を咲かせるアカヤシオの群生は見応え充分。新緑の時期のシロヤシオも清らかな美しさだ。

（文・写真／西野淑子）

山行アドバイス

●**登山適期**／さまざまな種類のツツジが見られるが、アカヤシオ、トウゴクミツバツツジの見頃は4月中旬〜下旬、シロヤシオは5月上旬〜中旬。登山道にはカタクリも多く見られ、4月上旬〜中旬が見頃。山麓のミツマタは3月下旬〜4月上旬。紅葉は10月上旬〜中旬。冬は若干の積雪あり。

●**注意点**／登山道は木の根が露出している急斜面やザレた斜面を歩く部分が多い。特に鳴虫山と合峰からの下り始めが急。

●**プランニング**／下山後は日光山内の観光を。神橋から東武日光駅までは徒歩約20分。

↑独標周辺はカラマツ林。芽吹きと黄葉の時期が美しい
↓鳴虫山山頂から日光連山を望む（画像提供／日光市観光協会日光支部）

↑青白い水をたたえた渓流が美しい憾満ヶ淵

立ち寄りスポット

地元名物・湯波料理を御膳で　さん・フィールド

日光街道沿いにある食事処。日光の名物料理のひとつである湯波料理を、煮物や揚げ物など、さまざまな調理法のセットメニューで味わえる。丁寧に手作りされた家庭的な料理が人気。

栃木県日光市下鉢石町818
☎0288-53-4758

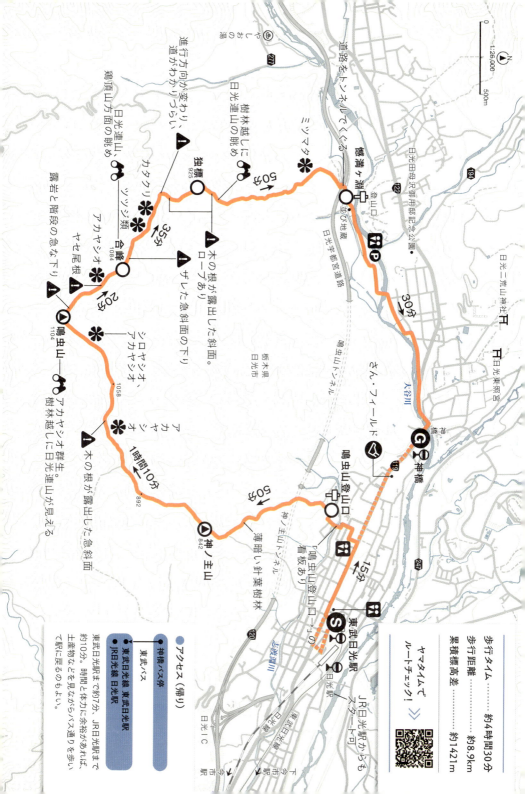

野岩鉄道会津鬼怒川線 | 龍王峡駅

Course 75 | 龍王峡（りゅうおうきょう）

初級

岩と水がつくりだすダイナミックな自然の芸術

　鬼怒川の上流部、鬼怒川温泉と川治温泉を結ぶ約3kmの区間が龍王峡。海底火山の活動によって噴出した火山岩が鬼怒川の流れで浸食され、荒々しい峡谷がつくりだされた。渓谷に沿ってハイキングコースが設けられ、岩と水の織りなす渓谷美と緑豊かな樹林を楽しみながら歩くことができる。

　迫力ある景観が楽しめるのは龍王峡駅から白岩半島の区間。切り立った岩壁と、その間を流れる渓流が樹林越しに眺められる。場所によって岩の色が異なっていたり、道沿いの柱状節理を間近に見られたりするのも興味深い。

　散策のゴールは川治温泉。なめらかな肌触りの温泉が魅力だ。　　　（文・写真／西野淑子）

山行アドバイス

●**登山適期**／新緑は5月上旬〜中旬、紅葉は10月下旬〜11月中旬。むささび橋付近の湿地のミズバショウは3月下旬〜4月上旬が見頃。冬は積雪あり。

●**注意点**／散策路は全体的に整備されているが、龍王峡駅からむささび橋までの区間は足場の悪いところや、道がわかりにくい箇所がある。暑い時期はヤマビルが出るので、忌避剤などを持参するとよい。

●**プランニング**／野岩鉄道会津鬼怒川線は1時間に1本の運行。下山後の温泉や飲食を楽しむ前に時刻表の確認を忘れずに。

←むささび橋から切り立った峡谷を見下ろす

↑発達した柱状節理を間近に観察できる。解説板もあり

立ち寄りスポット

渓谷沿いのいで湯
川治温泉

鬼怒川と男鹿川が合流する渓谷沿いに湧く温泉。アルカリ性単純温泉のなめらかな肌触りの湯だ。黄金橋のたもとには共同浴場「薬師の湯」がある。温泉街は川治湯元駅から徒歩10分ほど。温泉街に向かう道中の川治ふれあい公園には足湯がある。

Course 76 足利アルプス
両崖山～剣ヶ峰～石尊山

JR両毛線 | 足利駅　東武伊勢崎線 | 足利市駅

中級 ★★☆

終盤は赤城山の展望、変化に富んだ稜線散歩

　足利市街の北側、南北に連なる山々。両崖山から、剣ヶ峰や石尊山を擁する行道山へと続く稜線は「足利アルプス」と呼ばれている。いずれも標高500mに満たない山ながら、適度なアップダウンがあって心地よい縦走路だ。ところどころで展望ポイントがあるのも魅力。両崖山直下の見晴らしテラスからは足利市街が見渡せ、剣ヶ峰、石尊山は赤城山など上州の山々を望む絶景が自慢。ウッドデッキのある天空西公園でひと息つくのもよい。

　関東最古の毘沙門天といわれる大岩山毘沙門天、断崖に囲まれた山中にひっそりと位置する浄因寺など、山の古刹を巡る楽しみもある。

（文・写真／西野淑子）

山行アドバイス

● **登山適期**／新緑は5月上旬～中旬、紅葉は11月中旬～12月上旬。足利織姫神社周辺や織姫公園のサクラは3月下旬～4月上旬、ツツジは4月下旬～5月上旬。冬は積雪が少なく、展望登山に適している。晩秋から冬は雪をかぶった赤城山が眺められる。

● **注意点**／織姫公園から両崖山の道中は岩が露出した箇所がある。雨上がりなどで濡れているときは慎重に通行を。

● **プランニング**／足利市は足利氏発祥の地。市内には足利氏ゆかりの社寺が点在する。駅近くには史跡足利学校がある。

↑大岩山毘沙門天とも称される最勝寺
↓行道山の最高峰、石尊山山頂にはあずまやが立つ

↑稜線はところどころで岩稜が現われる

 立ち寄りスポット

朱塗りの社殿が美しい　足利織姫神社

機織りを司る天御鉾命と、織女の天八千々姫命を祭神とする神社。縁結びや産業振興の神社として信仰を集めている。美しい朱塗りの社殿は国の登録有形文化財。社殿前の広場からは足利市街が見渡せる。

栃木県足利市西宮町3889

Course 77	JR両毛線	富田駅

大小アルプス
妙義山〜大坊山〜大小山

上級 ★★★

手ごわい岩稜歩きと北関東の山々の絶景を満喫

足利市と佐野市の境にそびえる大小山。山麓から眺めると、山頂直下に「大小」の文字盤がひと際目立つ。大小山と隣接する妙義山、足利のマッターホルンと称される越床山、大山祇神社の奥宮が立つ大坊山などをつなぐ縦走路が「大小アルプス」と呼ばれている。低山ではあるがアップダウンが大きく、岩場や岩稜のヤセ尾根も現われる、「アルプス」の名に見合った険しさをもつルートだ。

稜線は眺望に優れ、妙義山は360度の大展望、越床峠からツツジ山の区間は赤城山や日光連山が遠望できる。大小山見晴台からは都心のビル群が一望だ。　　　（文・写真／西野淑子）

山行アドバイス

● **登山適期**／新緑は5月上旬〜中旬、紅葉は11月中旬〜12月上旬。晩秋〜冬に歩けば、雪をかぶった赤城山や日光連山が眺められる。標高が低く、真夏は暑くて不向き。

● **注意点**／妙義山の山頂直下、妙義山から越床山の区間は通過困難な岩場が点在する。鎖やロープがつけられているが、充分注意して通行を。濡れているときは不向き。

● **サブルート**／体力に自信がないが岩稜の雰囲気を楽しみたいなら、妙義山から大小山に向かい、見晴台経由で阿夫利神社へ下るプチ周回ルートがおすすめ。

↑山麓から大小アルプスを望む。「大小」の文字盤がよく目立つ
↓広々として休憩に適した大坊山の山頂

↑妙義山から越床山の区間は険しい岩場が続く

立ち寄りスポット

季節の花を楽しめる あしかがフラワーパーク

一年を通じてさまざまな花が楽しめる、花と光の楽園。一番の見どころは4月中旬〜5月中旬に見頃を迎えるフジ。樹齢160年の古木を含め350本以上のフジが園内を幻想的に彩る。

栃木県足利市迫間町607
☎0284-91-4939

（写真協力／あしかがフラワーパーク）

Course 78 太平山〜晃石山

JR両毛線 ｜ 大平下駅

中級 ★★☆

歴史を感じる3つの山を結んだ自然林の縦走路

奈良時代に、神石という奇岩が日夜輝いていたという伝説がある晃石山。今は太平山を起点としたハイキングコースの最高峰として、多くの登山者に登られている。

太平山は上杉謙信が眺望を絶賛したという謙信平や、太平山神社などの見どころがあって多くの観光客が訪れる。しかし浅間神社が祀られる山頂は、木々に囲まれて静かだ。

晃石神社の上の晃石山には、一等三角点が設置されている。また古い峠越えの道があった馬不入山は、北西側の展望地から関東平野を見渡せる。全体を通して自然林が豊かで、季節を変えて何度も訪れたいと思わせる気持ちのよい縦走路だ。　　　（文・写真／木元康晴）

山行アドバイス

●**登山適期**／一年を通じて登れる。新緑は4月上旬〜下旬、紅葉は11月中旬〜12月上旬。馬不入山付近のヤマツツジは4月中旬〜下旬、謙信平のアジサイは6月中旬〜下旬が見頃。

●**注意点**／下山時に脇を通過する鷲巣溜（ため池）付近ではイノシシの姿を見ることがある。近づかないように注意しよう。

●**サブルート**／桜峠で縦走路を離れて、紅葉がきれいな清水寺と、『雨月物語』にも記された大中寺の、ふたつの寺を参拝して大平下駅へ下るルートもよく歩かれている。桜峠から大平下駅まで約1時間30分。

↑「陸の松島」と呼ばれている、謙信平からの眺め
↓晃石神社の背後から登り着く、祠が置かれた晃石山の頂上

↑随神門から階段を登った先に祀られる太平山神社の本殿

 チェック！

太平山の三大名物

餡こがのったんだんごと、タレがかかった焼き鳥、大根おろしが添えられた卵焼きが三大名物とされる。これらは五穀豊穣を願って、大平山神社に奉納されてきた米と鶏に由来するもの。謙信平の茶店で食べることができるので、ぜひ味わっていこう。

| JR常磐線 | 岩間駅 |

Course 79 笠間アルプス
愛宕山〜難台山〜吾国山

上級 ★★★

3つの山を結んだロングコースは歩き応えバツグン！

　筑波山地の東側に広がる、茨城県の笠間市と石岡市の境界にある長さ約10kmの山並みは、東筑波連峰と呼ばれている。その最高峰の難台山と、南の愛宕山、北の吾国山を結んだ縦走路は「笠間アルプス」の愛称で多くの登山者に親しまれている。

　愛宕神社が祀られる愛宕山の一帯や、道祖神峠には車道が通じて観光地化されているが、難台山から吾国山にかけては広葉樹林が続いて、自然の豊かさを感じる。

　標高から想像する以上にアップダウンが多く、体力を消耗するロングコースだが、歩き通したときの達成感は大きいご当地アルプスだ。

（文・写真／木元康晴）

山行アドバイス

●**登山適期**／一年を通じて登れる。新緑は4月中旬〜5月上旬、紅葉は11月中旬〜12月上旬。愛宕山のサクラは4月上旬〜下旬、吾国山のカタクリは3月下旬〜4月上旬、難台山周辺のヤマツツジは4月中旬〜下旬、少し離れた群生地のスズランは5月上旬〜中旬が見頃。

●**プランニング**／ロングコースであり、できるだけ早出をするようにしたい。特に日の短い冬の時期は注意しよう。途中でスズラン群生地をピストンした場合、往復で30分以上を要する。群生地から県道280号に出て、岩間駅に戻ることもできる。分岐から約2時間。

↑南山展望台から見た愛宕山
↓吾国山のブナ林に立つ大きなブナ

↑コースの中間地点となる難台山の頂上

チェック！

吾国山・愛宕山ジオサイト

難台山の山頂付近には、団子石、獅子ヶ鼻、屏風岩などの奇岩や巨石があり、地形や地質に価値があるとされるジオサイトとして、注目されている。笠間市によるガイドブックも用意されているので、それを片手に観察しつつ歩くのも楽しい。

| JR水郡線 | 西金駅 |

Course 80 奥久慈男体山（おくじなんたい）

中級 ★★☆

堂々とした岩峰が印象的な奥久慈の奇峰

　茨城県大子町と常陸太田市の境に位置する、奥久慈を代表する山。西側や南側の山麓から眺めると、威圧感のある断崖絶壁の岩峰が目を引く。古くから信仰の山としても知られており、山頂には男体神社奥宮の祠が立つ。山頂からは奥久慈の山々や久慈川が一望のもと、空気が澄んだ時期なら筑波山や赤城山、富士山まで見渡せる。ちなみに、隣に位置する長福山には「女体山」の別名がある。

　秋は紅葉の美しい山でもある。大円地越周辺や、山頂から男体神社に向かう道中はカエデの紅葉が見事だし、南側山麓から男体山の山容を眺めると、岩峰を赤や黄色の木々が彩る様子もすばらしい。　　　　　（文・写真／西野淑子）

山行アドバイス

● **登山適期**／新緑は5月上旬〜中旬、紅葉は10月下旬〜11月中旬。男体山山頂周辺のダンコウバイは3月が見頃。

● **注意点**／大円地越から男体山の区間は岩が露出しているところや、細い尾根道があるので通行注意。登山道の分岐が多いので、道標で慎重に方向確認を。

● **サブルート**／滝倉の集落から舗装道路を登って大円地に向かい、西金駅に戻ることができる。湯沢地区には期間限定の足湯「湯恵足ゆ」もあり、下山後に足の疲れを癒やしていくのによい。

↓大円地越付近は晩秋にカエデの紅葉が美しい
↑男体山山頂直下、南側には低い山並みが連なっている

↑滝倉集落付近から男体山の山容を望む

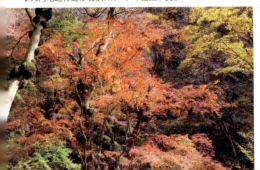

立ち寄りスポット
素朴な味わいのそばと天ぷら　大円地山荘

大円地、男体山の登山口に店を構えるそば処。常陸秋そばの手打ちそばは、細切りでのどごしがよく、風味豊か。ボリュームたっぷり、揚げたての季節の天ぷらとともに味わいたい。

茨城県久慈郡大子町頃藤2211
☎0295-74-0370

Course 81 生瀬富士(なませふじ)

JR水郡線 | 袋田駅

上級 ★★★

袋田ノ滝を中心にした景観の移り変わりが楽しい周回コース

　高さ120mと巨大な、茨城県を代表する景勝地の袋田ノ滝。この滝を形作る、右岸の険しい岩壁の上にそびえるのが生瀬富士だ。コースは変化に富んでいて、山頂の北側に延びる岩稜の先には茨城のジャンダルムと呼ばれる岩峰がある。また、滝のぞきは袋田ノ滝を真上から見下ろす、圧倒的な高度感のある展望スポットだ。さらに滝川徒渉点では、距離約70mにわたって川の流れを徒渉する。

　徒渉した先に登山口がある月居山は、ふたつの山頂をもつ山だ。月居観音堂の先の鞍部は古い霊場の跡で石仏が並ぶ。最高点の後山はモミジが多く、晩秋には色鮮やかな紅葉に包まれる。

（文・写真／木元康晴）

山行アドバイス

●**登山適期**／一年を通じて登れる。新緑は4月中旬〜5月上旬、紅葉は11月中旬〜12月上旬が見頃。

●**注意点**／滝川徒渉点には、水量が多いときには長靴が用意されていることがある。長靴利用でも徒渉できないときは、上流の農地経由で橋を渡るか、分岐のかずままで引き返し、滝見橋へ下ってもよい。

●**プランニング**／有料の観瀑台を割愛するならば、月居山登山口から滝見橋方向へ歩いて行ける。また袋田自然研究路分岐や、袋田温泉分岐から下山することも可能。

↑生瀬富士から「茨城のジャンダルム」めざして岩稜を進む
↓月居山の前山の手前で視界が開けて生瀬富士を見渡せる

↑紅葉の名所として知られる月居城跡の標識が立つ後山

 チェック!

袋田ノ滝を正面から見渡す展望デッキ

滝壺からわずか10mの第1観瀑台と、エレベーター利用で全体を見渡せる第2観瀑台のふたつの展望台があり、袋田ノ滝の景観を堪能できる。利用料は300円。

茨城県久慈郡大子町袋田
☎0295-72-4036

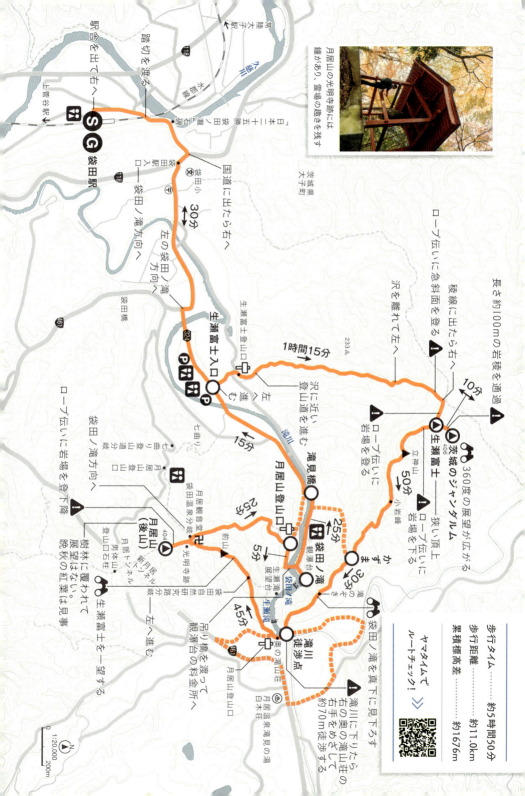

Course 82 富岡アルプス（神成九連峰）

上信電鉄 ｜ 神農原駅

物見台〜龍王山〜吾妻山

初級 ★☆☆

個性的な9つの頂上を登る小さなご当地アルプス

上信電鉄の電車が、神農原駅から南蛇井駅を通過するときに北側を見ると、岩肌が目立つ山並みが目に入る。これが神成山で、9つのピークが並ぶことから神成九連峰と呼ばれるほか、富岡アルプスとの愛称もある。

9つのピークのうち、一峰はかつて存在した神成城の物見台だった場所だ。三等三角点が設置された二峰は頂上らしさがあり、龍王山と標識も立っている。四峰にはミニ自然博物館が設置されて、吾妻山の標識が立つ九峰には古い石祠が並ぶ。

登山道は歩きやすく、上信電鉄沿線の町並みや西上州の山々の展望も見事で、手軽な縦走が楽しめる。　　　　（文・写真／木元康晴）

山行アドバイス

● **登山適期**／一年を通じて登れる。新緑は4月上旬〜下旬、紅葉は11月中旬〜下旬。稜線上のミツバツツジは3月下旬〜4月上旬、ヤマツツジは4月中旬〜5月上旬。また、保護地のオキナグサは3月下旬が見頃。

● **プランニング**／所要時間が短い山なので、世界遺産に登録されている富岡製糸場の観光と組み合わせるのもよい。南蛇井駅から最寄り駅の上州富岡駅までは上信電鉄で14分。または「83大桁山〜鍬柄岳」（P186〜187）の鍬柄岳と併せて登るのもよい。南蛇井駅から最寄り駅の千平駅までは上信電鉄で3分。

↑一峰からは富岡市南西部の家並みと西上州の山々を見渡せる
↓九峰となる吾妻山の頂上には古い石祠が安置されている

↑かつての神成城だった一峰から二峰にかけては複雑に階段が続く

チェック！

新堀神社下の保護地に咲くオキナグサ

かつては野山にたくさん咲いていたというオキナグサだが、この数十年の間に急減。今は環境省の絶滅危惧II類に指定されている。数年前まではこの山の稜線にも自生していたが、今は保護地に咲くのみだ。

| 上信電鉄 | 千平駅 |

Course 83 大桁山〜鍬柄岳

おおげた　くわがら

上級 ★★★

静寂な山と険しい山の対照的な2座縦走コース

　大きな台形の山容をした大桁山へ向かう道は、「関東ふれあいの道」の「大桁山登山コース」に指定されている。林道歩きが長く、登山道に入ってからも植林が続いて単調だが、広い山頂付近には自然林が広がって落ち着いた雰囲気が漂う。

　一方の鍬柄岳は、山は小さいが全体が鋭く突き出た岩峰になっていて、山頂へ立つには約100mにわたって続く鎖場を登らなければならない。毎年9月に行なわれる、鍬柄嶽例大祭の際に梵天（幟）が奉納される山頂には3つの石祠が祀られていて、登ってきた大桁山や西上州の特徴的な山々の360度の眺望が楽しめる。

（文・写真／木元康晴）

山行アドバイス

●**登山適期**／4月〜5月、10月〜12月。新緑は4月中旬〜下旬、紅葉は11月中旬〜下旬。鍬柄岳のアカヤシオの見頃は4月上旬。岩場に着雪、凍結箇所がある冬期と、ヤマビルが発生する夏季は不向き。

●**注意点**／春の鍬柄岳では、団体が鎖場通過の練習をして混雑することがある。午後に取り付くなど、時間をずらしたほうが無難だ。

●**プランニング**／鍬柄岳のみならば3時間程度なので、「82富岡アルプス」（P184〜185）と併せて登ることも可能。南蛇井駅から逆コースで登ると所要時間は約2時間30分。

↑千平駅から歩き始めると送電線の向こうに姿を現わす鍬柄岳
↓鍬柄岳頂上の奥に大きくそびえる大桁山

↑鍬柄岳の鎖場中間部から見た鹿岳（右）と四ツ又山（左）

チェック！

鍬柄岳の鎖場を登る

取付から見上げると、先が見えないほど長い鎖場だが見た目より登りやすい。基本は岩をつかみ、不安のある箇所のみ鎖を握って三点支持で登ろう。途中には、やや広いテラスがあってひと息つける。上端部に着いたら、左の岩稜を進めば頂上だ。

JR信越本線 | 横川駅

Course 84

丁須ノ頭（丁須ノ肩）

上級 ★★★

奇峰を巡る、鎖場が連続する困難な周回コース

　国内有数の岩の山として知られる妙義山。表妙義と裏妙義のふたつのエリアがあるが、裏妙義のほうは駅を起点として周回できる。

　登りでたどる御岳コースは、登山口からすぐ現われる麻苧ノ滝の左手から頂上まで、鎖場が連続する。下山の鍵沢コースも長い鎖場から始まって、登山口の直前まで急斜面の下りが続き、全体を通してまったく気が抜けない。

　頂上となる丁須ノ頭は、ハンマーヘッドのような異様な姿をしている。鎖は設置されているものの、非常に危険なので登るのは一段下の丁須ノ肩までにとどめておこう。そこまでの登山であっても、ほかの山にはない大きな達成感が味わえる。　　　（文・写真／木元康晴）

山行アドバイス

● **登山適期**／4月、10月～11月。新緑は4月中旬～下旬、紅葉は10月中旬～11月上旬。積雪や凍結の恐れがある12月～3月は、非常に危険。また5月から9月にかけてはコース下部にヤマビルが多数発生し、おすすめできない。

● **注意点**／岩場や鎖場が連続し、北アルプス・剱岳に匹敵する難度だ。気軽な低山歩きではなく、本格的な岩稜登山と考え、ヘルメットも着用すること。よいエスケープルートもなく、上部まで行くと同ルートを引き返すほうが難しい。南へ下る籠沢コースもガレ場が長くて鎖場があり、注意を要する。

↑御岳から行く手にそびえる丁須ノ頭を望む
↓鍵沢コースの中間地点に流れ落ちる第二不動ノ滝

↑丁須ノ頭やや下の鎖場を登る

チェック！

難度の高い丁須ノ頭の登下降

鎖は設置されているが、下部はオーバーハング気味で困難だ。スポーツクライミングで、5.9以上をリードできる人ならば登れるだろうが、失敗すると数十メートル転落するので、安易には取り付かないように。登る場合は、ロープ使用が望ましい。

JR信越本線 ｜ 横川駅

Course 85

アプトの道

初級 ★☆☆

信越本線アプト式鉄道時代の廃線跡を探訪

　アプト式とは、急な勾配を上るために特別な歯車と歯型レールを使った鉄道システムのこと。碓氷峠では、北陸新幹線が開業するまで100年以上もこの方式が採用されていた。その廃線跡が観光用の遊歩道として生まれ変わったのが「アプトの道」だ。

　全長6kmほどのコースには、旧丸山変電所やレンガ造りの10本のトンネル、日本最大級のめがね橋などの鉄道遺構が点在しており、歴史散策を楽しめる。また、途中にはレストランと入浴施設が併設された「峠の湯」や、四季折々の風景が湖面に映る「碓氷湖」もあり、立ち寄ってみるのも楽しい。

（文／大関直樹　写真／中村英史、高橋郁子）

山行アドバイス

●**登山適期**／一年を通して楽しめるアプトの道だが、おすすめは紅葉の時期。例年だと、11月上旬から中旬に碓氷湖やめがね橋、旧熊ノ平駅近くの樹木が鮮やかに色づく。

●**注意点**／危険箇所などは特にないが、18時にはトンネル内の照明が消えるので注意が必要。また、コース上には野生のサルが出没することがある。菓子等を与えると、人の食べ物を狙うようになるので気をつけよう。

●**サブルート**／峠の湯から江戸時代の宿場町であった坂本宿に寄り道しながら横川駅へ戻ることも可能。

←546mある6号トンネルを歩く

↑1892（明治25）年に完成した、高さ31mで日本最大級のめがね橋

↓アプト式とは、歯型レールで坂道を上る鉄道のこと

↓復元されたアプト式機関車は、しなの鉄道軽井沢駅に展示

立ち寄りスポット

鉄道ファンを魅了する碓氷峠鉄道文化むら

精密に再現された碓氷峠の鉄道ジオラマは鉄道ファンなら見逃せない。ほかにも園内には国鉄時代の貴重な車両を30以上も展示。

群馬県安中市松井田町横川407-16
☎027-380-4163

JR信越本線 | 横川駅

Course 86
中山道
なかせんどう

上級 ★★★

街道の難所、昔の碓氷峠を越えて

中山道は江戸時代に幕府が整備した五街道のひとつ。江戸の日本橋から京都の三条大橋を結び、総延長は約526kmにも及んだ。横川駅から旧碓氷峠に抜ける山道に、石碑や石仏、茶屋跡が残り、当時の街道のにぎわいを偲びながら古道歩きを楽しむことができる。

横川駅から少し歩くと現われる碓氷関所跡は、「入鉄砲と出女」を取り締まったかつての要所跡。さらに進むと何十もの旅籠屋が軒を連ねた坂本宿に入り、その先で石碑や石仏が点在する山道の登りがいよいよ始まる。旧碓氷峠で登りは終わり、最後は下りで軽井沢駅へ。旧軽銀座周辺を観光しながらゴールをめざそう。（文／吉澤英晃　写真／髙橋郁子、中村英史）

山行アドバイス

● **登山適期**／新緑と紅葉が美しい春と秋がおすすめ。いちばん標高の高い見晴台でも1200mなので、夏は熱中症対策を念入りに。冬は降雪や積雪状況を確認しよう。

● **注意点**／横川駅から歩道入口まで車道を歩くので車の通行に気をつけること。旧碓氷峠までの山道には水場がないので、充分な行動食と飲み水を用意しよう。軽井沢駅へ向かう町内のバスの時刻表も調べておくと安心だ。

● **サブルート**／旧碓氷峠の近くにある見晴台は、群馬と長野の県境に位置する広々とした展望スポット。足を延ばして絶景を楽しもう。

← 山道の途中、覗から坂本宿を見下ろす

↑ 碓氷関所跡にある1959年に復元された東門

↓ 三度笠を背負って古道歩きを楽しむ人も

↓ 刎石坂の大きな石碑。「大日尊」と彫られている

立ち寄りスポット
旧碓氷峠の名物
軽井沢 元祖力餅 しげの屋

旧碓氷峠の名物「力餅」を振る舞い続ける、創業300年以上の老舗の餅屋。甘味あんこ、黄味きなこなど全6種類の味を楽しめる。

長野県北佐久郡軽井沢町
大字峠町字碓氷峠2
☎0267-42-5749

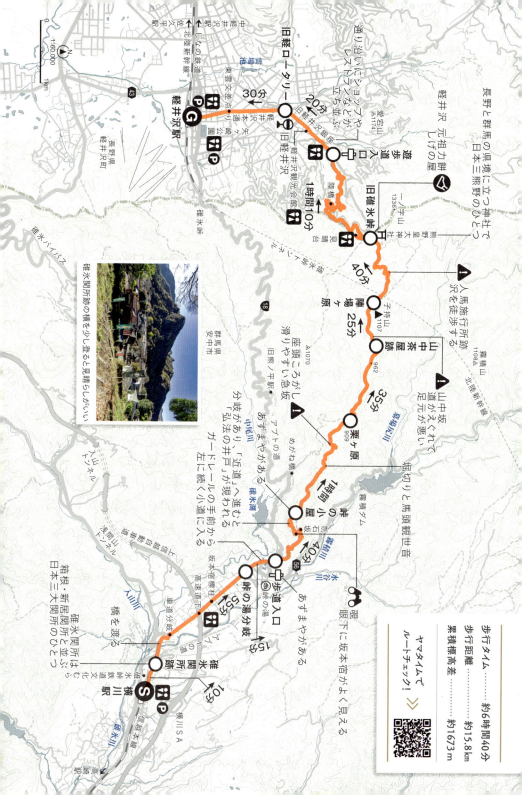

北陸新幹線／しなの鉄道 ｜ 軽井沢駅

Course 87 | 離山（はなれやま）

初級 ★☆☆

軽井沢駅から目と鼻の先にある小高い山へ

　軽井沢町のほぼ中心に位置し、地域のランドマークとして親しまれている離山は、浅間山の側火山でもあり、なだらかな山頂は個性的で、遠くから見てもよく目立つ。

　その昔、軽井沢に移住した宣教師たちも離山でハイキングを楽しみ、登山が好きな令和天皇が初めて登った山としても知られている。

　軽井沢駅から東口登山道入口までは、木漏れ日が気持ちいいロード歩き。道が上り坂になるとあたりは別荘地になり、東口登山道分岐までは林道をゆっくり進んで行く。分岐から木の階段を登ると山頂はまもなく。空が開けると浅間山の大展望が飛び込んでくる。

（文／吉澤英晃　写真／髙橋郁子、中村英史）

山行アドバイス

● **登山適期**／基本的に一年を通して登ることができるが、夏は暑さに要注意。晩秋から寒さが強まるので防寒対策を念入りに。雪が積もるとそれなりの雪山装備が必要になる。

● **注意点**／麓に別荘地があるほど人間の生活圏に隣接しているが、クマの目撃情報も報告されている。遭遇を避けるためにクマ鈴を持つなど万全の対策で出かけよう。

● **サブルート**／コースの途中にある「雲場池」は軽井沢町の人気観光スポット。水辺の景色や気持ちよさそうに泳ぐ水鳥などを観賞できるので、時間があれば立ち寄りたい。

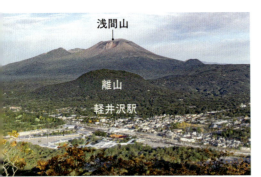
↑離山は駅から歩いて半日もかからずに往復できる
↓軽井沢の景勝地、雲場池にも立ち寄りたい

↑晴れれば山頂から浅間山が目の前に

立ち寄りスポット

軽井沢の小さな本屋さん　軽井沢書店

地元に寄り添う町の本屋。購入前の本を読むことができるカフェを併設し、全国に流通していないローカルな本や食雑貨も取り扱う。

長野県北佐久郡軽井沢町軽井沢1323
☎0267-41-1331

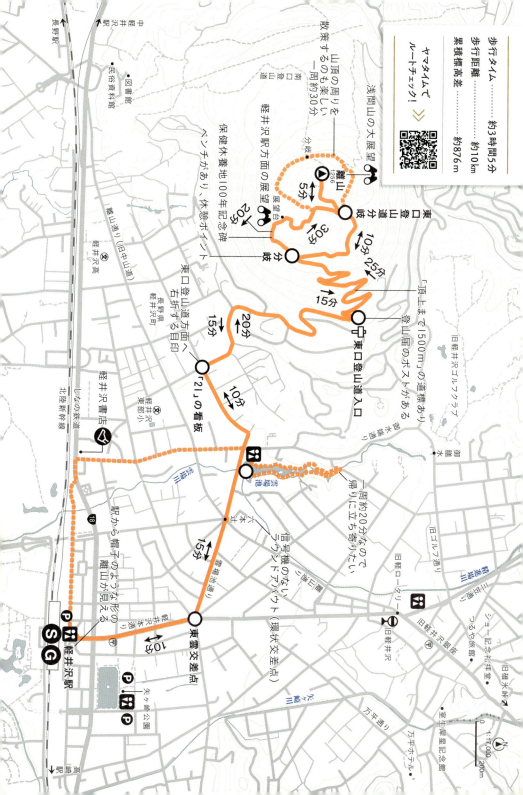

しなの鉄道 | 信濃追分駅

Course 88
石尊山(せきそん)

上級 ★★★

血ノ滝は一見の価値あり!

　石尊山は浅間山の側火山のひとつ。浅間山の頂上から見て、真南の地点に位置している。
　信濃追分駅を出発してから宿場の面影が残る街中を歩き、石尊山登山口を過ぎると広大な林の中に一本の登山道が続いている。しばらくして林道を3本横切るといよいよ現われるのが血ノ滝だ。禍々しい名前のとおり、茶褐色の水が崖を落ちるさまは、まさに鮮血が流れているよう。鉄分を多く含み空気に触れると変色する濁沢の源泉は、おはぐろ池の周辺に2カ所あり、地元の手で大切に守られている。石尊平から山頂までは目と鼻の先で、間近に迫る浅間山と麓の展望も一見の価値ありだ。

（文／吉澤英晃　写真／高橋郁子）

── 山行アドバイス ──

●**登山適期**／おすすめは無雪期の春から秋。新緑と紅葉の季節が気温も落ち着いて登りやすい。冬の時期に雪が積もると本格的な雪山装備が必要だ。

●**注意点**／本格的な登山に匹敵する行程なので、スニーカーやコットンパンツといった軽装で登るのは控えよう。おはぐろ池から山頂までの登りは相応の体力を求められる。

●**サブルート**／石尊山には修験道の修行場があり、座禅の苦行が行なわれたと伝わる座禅窟が中腹に残る。岩窟は上下に2カ所あり、下の洞穴には多数の石仏が祀られている。

← 轟音とともに赤褐色の水を落とす血ノ滝

↑ 山頂からは浅間山のなだらかな南面が見える

立ち寄りスポット

日本橋から中山道20番目の宿場町
追分宿

石尊山登山口へ向かう途中にある追分宿は、江戸時代に中山道の宿場町として大いに栄えた。道沿いには石造りの常夜灯や昭和に復元された高札場もあり、往時の雰囲気が漂う。大名が宿泊した本陣の裏門は堀辰雄文学記念館入口に移築されている。

JR吾妻線 | 郷原駅

Course 89 | 岩櫃山（いわびつやま）

上級 ★★★

険しい岩壁を巡らせた戦国武将の本拠地だった山

　安土桃山時代に、戦国武将の真田氏の本拠地だった岩櫃城が築かれていた岩櫃山。南側山麓から見上げた山容は岩壁を巡らせており、まさに岩の城を思わせる。

　登山コースは複数あるが、駅からアクセスしやすいのは密岩通り登山道だ。このコースは全般に急峻で、岩場の登下降が連続し、山容からイメージしたとおりの登山が楽しめる。鎖場伝いに登る頂上は、360度の眺望が広がり、上毛三山や浅間山を一望する。

　下山は、岩の門のような天狗の蹴り上げ岩を通り抜け、自然林が美しい尾根通りから平沢登山口を経由し、真田道を下れば車道歩きが少ない。

（文・写真／木元康晴）

山行アドバイス

●**登山適期**／4月～6月、9月～11月。新緑は4月下旬～5月中旬、紅葉は11月上旬～中旬。12月～3月は、積雪や凍結の恐れがあり登山自粛期間となる。

●**注意点**／岩場、鎖場が多い。特に六合目先のハシゴに続く丸みを帯びた岩稜と、頂上直下の急傾斜の長い岩場は慎重に。

●**サブルート**／登りの途中に現われる鎖場を敬遠するならば、岩壁の下を歩く赤岩通りや、もうひとつの山城跡である、郷原城跡を通る十二様通りから尾根通り分岐へ向かえる。下山は沢通りを歩けばアップダウンなく下れる。

↑郷原駅から密岩通り登山口に向かう途中で見上げた岩櫃山
↓休憩によい東の岩峰から見た周囲から突き出た岩櫃山の頂上

↑密岩通り登山道七合目の上の岩稜を登る

 チェック！

戦国武将の真田氏の拠点だった岩櫃城

尾根通りを下った先にある城跡で、本丸址を示す標識の隣には由来を記す案内板もある。竪堀や二ノ丸跡、中城跡などの山城らしい地形も状態よく保存されていて、往時を偲びながら興味深く散策できる。

Course 90 白毛門（しらがもん）

JR上越線 ｜ 土合駅 ｜ 上級 ★★★

「日本一のモグラ駅」から登る究極の駅からハイク

谷川岳から湯檜曽川源流を囲んで延びる、馬蹄形縦走路と呼ばれる稜線の末端にある山だ。南側斜面にジジ岩・ババ岩と呼ばれる岩峰があり、冬に下部から見上げると、門のようなその岩の間に白毛頭を思わせる山頂が見えることから、白毛門と名がついたという。

登山道は土合橋から山頂まで、尾根を一気に直登する。体力的には厳しいが、コース前半に広がるブナ林の、新緑や紅葉は美しい。また、松ノ木沢ノ頭で森林限界となって周囲の展望は一気に広がる。特に湯檜曽川の対岸に望む、中央に一ノ倉沢、右に幽ノ沢、左にマチガ沢が並ぶ、谷川岳東面の岩壁群の景観は壮大だ。

（文・写真／木元康晴）

山行アドバイス

●**登山適期**／6月〜10月。雪解けが早い年は5月ごろから登れるが、通常は部分的に残雪があり、軽アイゼンが必要。新緑は5月上旬〜下旬、紅葉は10月中旬〜下旬。例年11月から雪が積もり始め、積雪は2mを超え、ラッセルが必要な本格的な雪山に様変わりする。

●**注意点**／疲れが出るころに岩場が現われる。特に下山時は注意しよう。夏に登る際は、水場がないので充分な飲料水を持つように。

●**サブルート**／体力に余裕があるならば、さらに足を延ばして笠ヶ岳まで行くこともできる。白毛門から往復約1時間45分。

↑下部の急な道を登ると右手に見えてくる白毛門沢の大滝

↓森林限界を超えると左手に谷川岳と一ノ倉沢の岩壁が見渡せる

↑山頂直下には急な岩場もあるので注意が必要だ

チェック！ 486段の階段を上がってみよう！ 日本一のモグラ駅

最寄り駅となるJR上越線土合駅の下りホームは、暗く深い地下にある。地上駅舎との標高差は70.7mで、その間を486段の階段が結ぶ。長いが傾斜が程よく、思いのほか疲労感は感じない。改札口までの所要時間は、約10分。

歩行タイム	約6時間15分
歩行距離	約7.5km
累積標高	約2430m

ヤマタイムでルートチェック！

↑笠ヶ岳

谷川岳東面の岩壁群と上毛三山、尾瀬、日光の山々を望む

▲ 白毛門
1720

岩場を登る

・ババ岩
・ジジ岩

ロープ伝いに岩場を登る

↓40分　55分↑

白毛門を見上げ谷川岳東面の岩壁群を望む

森林限界を超える

松ノ木沢ノ頭
1484

鎖場を登る

白毛門沢

群馬県みなかみ町

白毛門沢大滝

右に白毛門沢大滝を望む

東黒沢

↑2時間35分　1時間45分↓

松ノ木沢ノ頭から見上げた白毛門の山頂

マチガ沢
・マチガ沢出合
旧道

急なブナ林を登る

厳剛新道
清水トンネル
上越線

西黒尾根

橋を渡る

谷川岳ベースプラザ
登山指導センター
土合口駅

白毛門登山口 P

↑越後湯沢駅

谷川岳ロープウェイ

291

土合橋

国道を離れて右へ。広い駐車場の奥へ

駅舎を出て右へ向かい踏切を渡る

・土合山ノ家

S G 土合駅
・土合ハウス
P

↓10分

土合駅（下り）

西黒沢

谷川岳ロープウェイ

↓水上駅

N
1:23,000
0　　500m

Column 1

低い山だからと侮るなかれ！
低山ハイクの注意点

文・写真／木元康晴

低山は行程が短めだし、悪天候の影響は比較的少なく、高山病の心配はない。

しかし、山が低くてもアクシデントに遭遇する可能性は充分にある。滑落すればケガをすることは免れない。道に迷ったら、車道までわずかな距離でも身動きがとれなくなることもある。さらに、手軽に登れるということから、準備不足で山へ向かったり、自身の力量に見合わないコースをめざしたりする登山者が引き起こす事故も多い。

低山ハイクで、特に気をつける必要があるのは道迷いだ。登山道の多くが樹林に覆われて視界が悪く、道を間違えたことに気づきにくいのだ。登山道以外にも林業などの作業道や獣道の踏み跡が錯綜しているため、進路を間違えるリスクは高山以上だ。

低山に登る場合に、特に知っておくべき注意点を以下にまとめた。プランニングの段階からめざす山のリスクを充分に認識し、しっかりと準備を整えて登るようにしよう。

注意点 1
登山道の整備状況はまちまち

高尾山のように、誰もが歩けるように整備が行き届いた山がある一方で、地元の神社の奥ノ院へ向かう参拝路や、高圧送電鉄塔の巡視路を登山道に転用している山もある。利用者の少ない道ほど整備はされておらず、道が不明瞭なばかりか、歩きにくい状態になっている。特に夏から秋にかけて草が生い茂り、ヤブこぎになる道もあるので要注意だ。

↑低山は植物の繁殖力が強く道が草に覆われやすい

注意点 2
開析地形に要注意

「開析」とは河川などの浸食によって多数の谷が生じ、地形が細分化していく現象で、標高の低い場所で生じやすい。房総丘陵や三浦丘陵が代表的な開析地形のエリアで、丘陵というイメージに反して地面の起伏が激しい。細かな尾根や谷の分岐が非常に多いうえ、同じような地形が続くため道を間違えやすい。要所では必ず地図アプリなどで現在地や進行方向を確認しよう。

↑開析地形の山は尾根の形状が複雑で進路判断が難しい

注意点 3

低山＝簡単な山ではない

地形の急峻さや岩場の有無は標高とはまったく関係がなく、低山であっても岩場や鎖場が連続した、手ごわい山は多数ある。そのような山をめざすには相応の技術に加え、体力や経験も必要になる。「低い山だから」と安易に取り付くのは事故の原因となるので、目標の山の難易度をしっかりチェックして、自分の力量に合った山をめざすようにしよう。

慎重に三点支持で登ります！

↑たとえ低くても難しい岩場がどこまでも続く山もある

注意点 4

季節に応じた登り方を

群馬県や栃木県など関東北部の山や、一部の標高1000ｍ以上の山では、1月から3月にかけて積雪に覆われたり、岩場が凍結したりする。相応の技術をもっていればよいが、経験のない登山者には道迷いや滑落などのリスクが高く、不適だ。また、夏など気温が30度を超える日は熱中症のリスクが高まる。目標の山の標高や位置を確認し、適切なシーズンに向かおう。

↑冬に街で雪が降ると近郊低山でも雪山に様変わりする

注意点 5

出会いたくない生き物たち

低山には昆虫など多様な生物が生息するが、なかには人に危害を加えるものもいる。代表的なものは人の血を吸うヤマビルや、猛毒のスズメバチ、感染症を媒介する可能性があるマダニなど。さらに近年は、クマに襲われる例も増えてきた。これらの生物の活動が活発になるのは、初夏から秋にかけて。出没情報をチェックして、危険な場所には近づかないようにしよう。

↑スズメバチは登山道の間近でも巣を作ることがある

Column 2

日帰りハイキングで持っていくもの、持っていかなくなったもの

木元康晴さんの場合

低山でも画質のよい一眼カメラを持参。コースガイドの執筆には欠かせません！

持っていくもの

防虫ネット

暑い時期はブユやヤブカなどの吸血する昆虫に囲まれて、非常に不快な思いをすることがあります。そのようなときも、これがあれば顔回りの血を吸われることは防げるので、とても重宝しています。

トレイルミックス

ドライフルーツ、ナッツ、シード類と、マーブルチョコをボトルに入れた行動食。手軽にカロリー補給ができて便利です。ひとりで山へ行くときは長い休憩はとらず、これを口にしつつ歩き続けます。

サコッシュ

大きすぎず小さすぎない、中サイズのものを使用。中に入れるのは登山地図とガイドブックのコピー、双眼鏡、カメラの予備バッテリーなど。ブラつかないようベルトは短めにし、体に密着させています。

登山地図とガイドブックのコピー

スマートフォンの地図アプリも活用していますが、情報量が少ないのが難点。展望スポットや文化史跡などが記された、登山地図やガイドブックを参照しつつ、見どころは逃さないよう心がけています。

ミラーレス一眼カメラ

山で出会う景観は、そのとき限りの貴重なもの。画質に妥協せず記録できるよう、一眼カメラを持参します。高性能タイプは大きく、重いのですが、それを扱えるよう体力維持にも努めています。

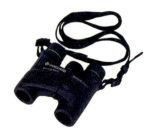

双眼鏡

登山道の先の様子をチェックしたり、道から離れた場所に生える植物を確認したりするのに、軽量な防水タイプのものを愛用。遠くを歩くクマを発見したこともあるので、安全面でも役に立つかも？

長いこと山に登っていると、
自分の〝山のスタイル〟が出来上がってくる。
必要、不必要は人それぞれ。
あなたの山の装備はどうでしょう?

西野淑子さんの場合

写真は20年前の私。ノッポさん風の帽子がそのころのマイブーム

持っていかなくなったもの

ウエストポーチ

登山を始めたころは愛用していましたが、ポーチに荷物を詰めると足元が見づらく、しかも大半のものは歩行中に使わないと気づきました。どうしても必要なもののみザック付属のウエストポーチに。

複数個入りのパン

複数個入っているパンを行動食としていましたが、たいがい食べ残してしまいます。ザックの中でつぶれ、変形したパンを下山後に食べるのはつらい……。最近では個包装のおやつを持参しています。

ソロクッカー

山でお湯を沸かしてカップ麺を作るのに憧れて、ソロクッカーのセットとバーナーを買いましたが、今は保温ポットのお湯でカップ麺もスープも作れるので、もっぱらテント泊の山行で愛用しています。

カメラ

スマートフォンで写真を撮るようになってから、デジカメを持っていくことが少なくなりました。今のスマートフォンは画質もよく、画像をメールやLINEですぐに友人と共有できるので便利です。

温泉セット

かつては下山後に絶対お風呂に入りたかったので、タオルと下着、シャンプーを持参していましたが、風呂へのこだわりが減り、今は持っていきません。泊まりの山行では温泉セット＋着替えが必須。

メモ帳

以前は小さなメモ帳に登山の記録をつけていましたが、今はプリントアウトした地形図に、コースタイムや注意事項、花や風景のことなど、直接書き込みをするスタイルになりました。

Column 3

山の余韻を噛みしめる至福のひととき
下山メシのよろこび

文・写真／西野淑子

この一杯のために生きています！

（左）ボリューム満点のミックスフライ定食（中）河口湖湖畔で味わったワカサギフライ定食（右）奥武蔵の郷土料理、武蔵野うどん

下山後には、おいしいものでお腹を満たして帰りたい。しっかり歩けばお腹がすくし、歩いて消費したエネルギーを補給したいと思う。下山後においしいものを食べる「下山メシ」は、登山を頑張った自分への手っ取り早く、間違いのないご褒美だ。

最寄り駅にたどり着いたら、よさそうなお店を探してとりあえず入る。汗や泥で汚れていても気兼ねなく入れる店がいい。電車に乗って帰宅することを考えると、駅から近いほうがありがたい。空腹なので、なるべく早く食べ物にありつきたい。

山盛りご飯にアツアツの揚げ物の定食、ラーメンや餃子などの中華料理、ボリュームとスパイスの匂いが食欲をそそるカレー。海が近い山なら海鮮丼もいい。甘いものでじわりと幸せな気持ちになりたいこともあるし、気心の知れた仲間と一緒なら、ビールとおつまみで乾杯をしたい。「空腹は最高のスパイス」なので、たいがいの料理はおいしくいただける。素材や調理法に著しいこだわりがなくても、洗練された盛り付けでなくてもいい。むしろ気取らない普通の料理のほうが下山メシにはぴったりだ。

入った店で、地元の人びとが親しんでいる郷土料理、地域振興で編み出されたご当地B級グルメなど、「地域の食」に出合うことがある。気候風土、食文化に根ざした郷土料理や、地元愛と創意工夫が感じられて楽しいご当地グルメを味わえば、山域への愛着がさらに増す。下山メシは単にお腹を満たす手段でなく、土地を深く知るきっかけにもなるのだ。

←みなかみ名物のダムカレー

ヤマケイ新書
『関東周辺 美味し愛しの下山メシ』

西野淑子 著

登山後の楽しみのひとつが山麓にあるおいしい料理、すなわち下山メシ。歩かず、待たず、お腹も心も満たされる、とっておきの60軒を紹介。

●山と渓谷社 ●新書判 ●272ページ ●1100円
●2022年11月刊行

地元の食文化を知る

↑ 秩父名物、豚みそ丼。肉のうまみと味噌の味わいがよい

← 醤油ベースのスープに刻みたまねぎのトッピングが特徴、八王子ラーメン

← 店によってソースの味わいが違う、湯河原の坦々焼きそば

疲れた体に効く下山後スイーツ

↑ 甘みが染み渡るモンブランのワッフル（高尾：フモトヤ）

← みたらしだんごとあんだんご、上品な味わい（鎌倉：香下庵茶屋）

← さっぱりと甘みのバランス、天草黒みつきなこアイス（奥武蔵：浅見茶屋）

ひとりでも仲間とでもちょいと一杯！

↓ 秦野名物の落花生とビールは相性抜群（丹沢：弘法の里湯）

↑ 自家製ピクルスとともにクラフトビールの飲み比べ（秩父：まほろバル）

著者紹介

木元康晴（きもと・やすはる）

日本山岳ガイド協会認定 登山ガイド（ステージⅢ）、NHK文化センター柏教室「東京近郊ステップアップ登山」講師。東京都山岳連盟の海外委員長、および日本山岳・スポーツクライミング協会の国際・アルパインクライミング委員を務める。山岳ライターとしても活動。登山雑誌『山と溪谷』の「季節の山歩き」、『岳人』（ネイチュアエンタープライズ）の「とっておきの山歩き」の常連執筆者。主な著書に『山のABC 山の安全管理術』『IT時代の山岳遭難』、共著に『関東百名山』、編著書に『山岳ドクターがアドバイス 登山のダメージ＆体のトラブル解決法』（いずれも山と溪谷社）がある。

西野淑子（にしの・としこ）

フリーランスライター＆編集者、日本山岳ガイド協会認定 登山ガイド（ステージⅠ）。NHK文化センター、よみうりカルチャー「東京近郊ゆる登山講座」講師。主な著書に『東京近郊ゆる登山』（実業之日本社）、『ゆる山歩き 思い立ったら日和』（東京新聞）、ヤマケイ新書『関東周辺 美味し愛しの下山メシ』、共著に『関東百名山』（ともに山と溪谷社）など。著書以外にもガイドブックや山岳雑誌、新聞連載にて多数執筆。趣味の旅行がきっかけで登山を始め、現在は関東近郊を中心に低山ハイキングから沢登り、雪山までオールラウンドに登山を楽しんでいる。

● デザイン
尾崎行欧
本多亜実
炭谷 倫
（尾崎行欧デザイン事務所）

● 地図製作
アトリエ・プラン

● DTP
ベイス

● 校正
戸羽一郎

● 編集
松本理恵
（山と溪谷社）

初心者もウェルカム！

電車に乗ってぷらっと山へ！
駅から登れる関東近郊の低山90

駅から
ハイク

2025年2月5日　初版第1刷発行
2025年6月25日　初版第2刷発行

山と溪谷社編

発行人	川崎深雪
発行所	株式会社 山と溪谷社 〒101-0051 東京都千代田区神田神保町 1丁目105番地 https://www.yamakei.co.jp/
印刷・製本	株式会社 光邦

● 乱丁・落丁、及び内容に関するお問合せ先
山と溪谷社自動応答サービス　TEL 03-6744-1900
受付時間／11:00-16:00（土日、祝日を除く）
メールもご利用ください。
【乱丁・落丁】service@yamakei.co.jp
【内容】info@yamakei.co.jp

● 書店・取次様からのご注文先
山と溪谷社受注センター
TEL 048-458-3455　FAX 048-421-0513

● 書店・取次様からのご注文以外のお問合せ先
eigyo@yamakei.co.jp

● QRコードの商標は株式会社デンソーウェーブの登録商標です。
● 乱丁・落丁本は小社負担にてお取り換えいたします。
● 本書の一部あるいは全部を無断で転載・複写することは著作権者および発行所の権利の侵害になります。あらかじめ小社までご連絡ください。

©2025 Yama-Kei Publishers Co.,Ltd.
All rights reserved.
Printed in Japan
ISBN978-4-635-01462-5